国视教育研究书系

高等学校绩效评价报告2012

张男星 等 著

教育科学出版社
·北 京·

丛书总序

为打造具有国家水准、国际视野的教育科研成果，更好地服务于办好人民满意的教育，服务于全面建成小康社会，在中央级公益性科研院所基本科研业务费专项基金的支持下，我院系统开展了对国内国际重大教育理论与实践问题的研究，形成了“国情、国视、国菁、国际”四大书系。

“国情”书系以年度发展报告的形式，全面反映我国各级各类教育的成就、经验和挑战，对全国各省、自治区、直辖市教育发展和政策进行区域比较，对我国各级各类教育的发展水平进行国际比较，力求对我国教育的数量、规模、结构、效益和质量做出科学判断。

“国视”书系着眼于社会关注的教育热点问题，着眼于基础性、前瞻性问题，以了解事实、回应关切、提供政策建议为主要目的，探索教育发展规律。

“国菁”书系专门研究大中小学生的生活状态，涉及学校生活、家庭生活、社会生活、网络生活等，通过调查研究，了解当代学生的行为特点和思想情感，为研究如何促进学生的全面发展提供科学依据。

“国际”书系分为著作和译作两类，主要反映国际教育改革发展动态，回顾国际教育的历史进程，跟踪国际教育的改革动态，把握国际教育的发展趋势。

四大书系既各自独立又相互联系，在保持各书系特点的同时，力求做到：

一、“用数据说话”。数据是研究和决策的基础。四大书系力图建立在数据和事实的基础之上，通过对数据的搜集、提炼、整合、分析，发现问题，探索规律。

二、“通过比较说话”。没有比较就没有鉴别。书系力求通过国别比较、区域比较、类型比较、结构比较，发现真知，提供卓见。

三、“协同创新”。协同创新是提高创新效率和创新水平的战略要求。书系研究调动院内外、系统内外、国内外资源，注重人员交叉、学科交叉、方法交叉，力求有所创新、有所突破。

四大书系的编辑出版是我院全面提高教育科研水平的一项整体努力，也是建设国家一流教育智库的客观要求。在研究和写作过程中，书系得到了相关机构和同人的大力支持，特别是得到了教育部相关司局及有关部委的大力支持，在此一并致谢！我们将以此为起点，不懈努力，为推动中国教育事业在新的历史起点上向前发展发挥不可替代的作用。

中国教育科学研究院

2012 年 12 月

目　录
CONTENTS

前　言

党的十八大报告指出，要“创新行政管理方式，提高政府公信力和执行力，推进政府绩效管理”。《国家中长期教育改革和发展规划纲要（2010—2020年）》要求在高校“引入竞争机制，实行绩效评估，进行动态管理”。这既是对我国社会发展时代特征的准确把握，也是对改进工作的明确要求。

一、高校绩效评价的必要性和急迫性

绩效评价是高等教育从数量发展向质量提升的时代要求。在很长的时间里，我国高等教育处于落后状态。20世纪80年代初，我国高等教育毛入学率只有3%，即使到90年代末，也还不到10%，远远落后于当时世界20%的平均水平。经过10多年的扩招，我国高等教育在校生数从300多万增长到3000多万，毛入学率提高到2012年的30%，成为一个高等教育大国。在这段时间里，中国高等教育最大最紧迫的任务就是发展数量、扩大规模，让尽可能多的青年圆了大学梦。与此同时，我国是穷国办大教育，经费极为紧张，有时基本教学经费都难保证，在这样的情况下，绩效评价难以提上议事日程。随着我国经济水平和教育水平的不断提高，高等教育的核心任务转到内涵发展、提升质量上来。同时，教育经费投入也大幅增加，如何用好钱、管好钱成为值得关注的问题。绩效评价作为对高等教育进行全面质量评估的必然要求，是促进高等教育从数量发展向质量提升的重要推动力量。

绩效评价是高校提高公共经费使用效率的现实需要。随着我国高等教育内涵建设的推进，高等教育经费不断增加，其使用效益越来越受到政府和社会的关注。尤其是2012年实现教育经费占GDP的4%目标后，国家将新增6000亿元教育经费，若按2010年我国高校教育经费支出占当年教育经费总支出28.4%的比例测算，[①] 2012年高等教育新增经费为1704亿元，保守估计今后五年高等教育将新增经费8520亿元。如何确保巨额高等教育经费投入得到有效使用，将是我国政府及高校迫切需要关注和解决的问题。开展高校绩效评价就是要考察高等教育经费投入是否得到了有效使用，资源投入是否带来了应有的产出，以及时了解资源投入与产出的绩效状况。这一方面有助于帮助学校诊断办学的成效、优点和弱点，促进学校形成和强化成本意识，合理配置投入资源，提高使用效率；另一方面可为政府逐步依据高校绩效状况调整财政拨款提供参考，进而推动高校不断改善内部管理，提高办学效率。

绩效评价是世界高等教育评估的普遍趋势。自20世纪70年代末新公共管理运动兴起以来，绩效评价日益成为各国重塑政府公共管理的基本手段，高等教育领域自然也逐渐引入了绩效评价的理念和实践。美国田纳西州从1978年正式开始实施高校绩效评价，包括绩效报告以及绩效拨款；该州政府认为绩效评价是提高高等教育投资效率的重要工具，通过绩效评价可以提高高校公共负责程度和推动质量改进。如今，美国约有三分之二的州都在开展绩效报告。英国教育与科学部1985年在绿皮书《20世纪90年代高等教育的发展》中明确提出："有效的管理应不仅基于资源的有效利用（投入），也应基于取得结果的有效性（产出）。这意味着有必要开发和使用绩效测量方法……政府认为，定期公布高校和院系的单位成本和其他一些绩效指标是有益的……虽然衡量高等教育绩效具有很大的困难……但是，如果政府要实现控制公共支出和促使纳税人金钱使用达到效益最大化的目标，如果高校和与高等教育相关的其他方面要在资源分配决策中处于

① 数据来源：中国教育经费统计年鉴2011。

有利形势，就必须进行这样的努力。”① 英国于 1987 年由大学副校长和校长委员会推出了第一份年度绩效报告，按照指标顺序将每所大学的数据逐一公布出来，一直持续至今。1986 年英国开始首轮科研绩效评价并与绩效拨款挂钩。时至今日，澳大利亚、法国、荷兰、新西兰、德国、加拿大等国家都在开展高等教育绩效评价并不同程度地将绩效评价结果与拨款挂钩。尽管由于社会文化以及高等教育发展特点的不同，各国开展高校绩效评价的目的与重点、方法与手段不尽一致，但将绩效评价作为改善高校管理、提高高校办学绩效的重要举措，却是各国共通的普遍趋势。

二、高校绩效评价的基本思想

（一）高校绩效评价的基本原则

正确导向。《国家中长期教育改革和发展规划纲要（2010—2020 年）》、《教育部关于全面提高高等教育质量的若干意见》都明确指出，未来时期我国高等教育发展的重点是全面提高质量，稳定规模，走内涵式发展道路。开展高校绩效评价是促进高校内涵发展的重要抓手，通过绩效指标的确定和运用引导高校注重效益，提升办学的质量；引导高校最大限度发挥资源效益，以较少投入产出较大成效，形成高投入、高产出的发展局面；引导高校立足现有基础，准确定位，办出特色，办出水平。

全面客观。全面客观地反映高校办学投入与产出的关系是绩效评价科学性的保证。作为高等教育实施机构，高校的投入指标通过把资金输入转化为师资队伍建设、学科建设、课程教材建设以及基本办学条件建设、文化建设等一系列中间输入，高校的产出转化为培养的人才、科研成果、社会服务等成果，是全面客观评价高校工作的必要条件。在选取高校投入与产出指标时，充分地考虑高校办学在输入与输出两方面的活动内容及其特殊性，尽可能相对全面地涵盖高校投入产出的全过程，将投入指标划分为人、财、物三大类，将产出指标划分为人才、科研、服务三大类，才能既

---

① DES. The Development of Higher Education into the 1990s. Comd. 9524. London: HMSO, 1985: 31, 49.

全面又有重点地反映学校真实情况，以利改进学校工作。

可操作。高校投入、产出指标细化、量化之后才具有效用。将概念化指标转变为有效的可操作性指标，且指标数据是可采集的才能科学具体。尽管可采集并不是指标提取的核心依据，但却是指标建构的“短板”，是评价指标得以施行的最大约束力量。有些指标尽管在理论范畴内是有意义的，但由于数据难以采集，在实际中还无法运用。例如，高校产出的最终效果体现为高校培养的学生为社会创造出的财富价值，如果把毕业生一定时间点上（如10年或更长时间）的薪金作为产出指标是很理想的，但是，受当前研究水平和数据统计的限制还难以做到。为此，使用投入产出法时，不得不寻找相应的替代指标以满足绩效评价的目标要求。

（二）高校绩效评价的基本方法

投入—产出分析法是目前高校绩效评价普遍运用的方法。从经济学的角度说，教育投入也是一种生产性投入，同样可以进行成本和效益的计算。对高校来讲，办学的投入主要是人、财、物。因此，学校对各部门人、财、物的配置，都属教育成本。在市场经济条件下，高校成本配置也应该充分考虑它能否产生效益以及产生多大的效益。高校要获得丰厚的资源供给，就必须努力创造高效益的投资环境和投资条件；而要创造出这样的环境与条件，则要努力促进资源的优化配置，提高有限资源的产出效益，强化成本管理。

基于投入—产出方法论的高校绩效评价，将评价指标分为投入向量与产出向量二维结构，描述“投入—产出关系”的绩效状况，透过投入差异看产出成绩的不同。高校绩效评价可以把拥有不同投入条件的高校，放在由投入和产出共同构成的相对效率/效益结构标准体系中进行评价，这样可以更合理地考察高校办学资源的配置与利用效率。

（三）高校绩效评价的基本假设

不同高校毕业生的内在水平基本等质。虽然高校招生时录取分数不同，学校的师资水平不同，甚或不同学校的育人文化环境不同，同样是毕业生，来自不同高校甚或同一高校，他们之间是存在一定水平差异的。但目前很难量化并细化出不同学校的不同投入与学生内在素质形成之间的一一对应关系，我们姑且认为所有相同层次的高校毕业生或培训合格的受教育者，他们附着的产出质量是基本等质的。

不同学科科研产出所付出的劳动基本等质。高校的科研产出中即使是同类科研成果所含的劳动量也会有所不同，例如学校的基础研究与应用研究所需的产出时间和劳动消耗都是有差异的，应用研究往往针对现实需要，产出时间可以较短，以应所用之需；基础研究却指向长远的目标，其研究成果的形成需要的时间会更长些。但是目前还没有公认的科学方法可以将不同类型研究中的劳动量予以分化或者归一，我们姑且假定每一项研究都浸透着基本等质的劳动智慧与创新，同样等级刊物上发表的论文其劳动价值基本相等。如公开发表的论文或核心期刊发表的论文，在各自的等级上所含的劳动付出具有一致性。

不同高校的产出滞后期基本一致。本研究将国家经济建设规划通用的5年周期，作为考察高校投入—产出情况的绩效评价周期。高校不同于企业，其投入的人、财、物确实无法在很短的时间内显示产出效益（其实，企业也有产品研发方面的先期投入），其产出滞后性十分明显，高校的许多投入还要经过中间产品的转换之后才能形成最终产出，如教师及教师团队的培养、学科及专业的建设、课程及教材的开发、教学及研究基地的建立等中间产品的形成，更需要时间来积累。但高校绩效评价是以高校现时的发展为基础，因此，在评价中我们姑且假定高校一定的投入资源其相应产出在5年内应该有不同程度的体现。并且，通过每年向前滚动的方式进行5年时限的年度评价，以削弱投入对产出的滞后性影响。

三、高校绩效评价的实施过程

（一）建构高校绩效指标体系

主观建构。主要是通过特尔斐法获得高校投入与产出的概念形态指标。先借助文献研究，根据投入的人力、物力、财力以及产出的人才培养、科学研究、社会服务三个维度，初步构建投入、产出基本指标；再以高等教育管理、高等教育评估、高等教育教学等领域研究的专家以及从事高校管理的行政管理者、一线教学工作的高校教师、高校毕业年级学生组成同行专家组，实施两轮专家组问卷调查，根据专家打分所确定的指标重要程度排序，初步确定主观建构的指标；然后召开指标研讨会讨论初建指标，最后确定概念形态的高校绩效指标。根据高校意见，我们在 2011 年、2012 年对概念形态指标不断进行调整完善。

模型筛选。通过模型工具对概念形态指标进行统计学意义上的筛选以形成操作形态指标是第二个重要环节。概念形态指标是一种主观构建，更多体现评价的教育学意义，但并不是所有初设的概念形态指标都可以放入模型去运行，否则，指标之间不合理的信息重叠会对基于协方差矩阵进行主成分分析时造成估计偏差。为此，需要对概念形态指标进行模型筛选，以保证所保留的操作指标具有相关性、代表性和区分度，体现指标的统计学意义。

第一轮典型相关分析的指标筛选。典型相关分析是一种分析两组变量间关系的多变量分析方法，通过分别找出两组变量最佳结构的线性组合，使得两组变量间的关系最大化。① 采用典型相关分析的目的有两个：（1）检验投入组与产出组两组变量间是否相关及相关的强度；（2）通过计算典型负荷量比较各投入（产出）指标与典型方程间的相关，其值越大，表示该指标在解释该典型方程中的重要性越高。典型负荷量所代表的意义与因子分析和判别分析中的结构负荷量意义相同。通过典型相关分析，验证主观建构的投入指标向量组和产出指标向量组之间是否存在统计学意义上的相关关系。两组变量间的相关关系越强，高校绩效评价结果就越有效。

第二轮聚类分析的指标筛选。由于各个指标之间可能存在一定程度的相似性，还需从相似程度较高的指标中挑选出最具有代表性的指标。系统聚类法可以将指标聚为几类，从每一类里选择具有代表性的指标作为入选指标，即选择与同类别指标相关系数较大、与不同类别指标相关系数较小的指标作为代表性指标。通过聚类分析，可以使筛选出的投入或产出指标

① 王保进. 多变量分析——统计软件与数据分析［M］. 北京：北京大学出版社，2007：199.

较好地反映高校投入或产出方面的信息，从而使指标更具代表性。聚类后的指标以“相近或相似”的变量性质聚在一起，较好地反映每一类变量之间较大的特异性、代表性和简明性，既能保留指标的信息，又能避免指标信息的重复。筛选出来的指标对不同分析对象的差异敏感能力和区别能力较强，且在一定程度上也能反映其他落选投入或产出指标的信息。经过典型相关分析和聚类分析模型筛选和验证后保留的指标，可再结合评价目的对其加以主观价值分析和判断，最终确立可以进入运算的操作形态指标。

（二）确立运算方法

采用主成分分析方法运行最终确立的指标，分别计算各评价单元的投入综合得分与产出综合得分。

一是指标无量纲化。由于高校投入、产出指标的单位各不相同，很多数量单位不同的指标是无法直接进入主成分运算的，必须首先将指标数值进行无量纲化，也就是标准化，使其成为可以统一运算并可以相互比较的数。

目前关于数据无量纲化的方法较多，但常用线性无量纲化方法，包括标准化处理方法（Z 分数法）、极值处理法、修正的功效系数法等。通过比较之后，我们选取了极值法作为指标无量纲化的方法。极值法对原始数据的数量及分布没有特别要求，避免了 Z 分数法要求原始数据呈正态分布的限制；转化后的数据区间范围明确，在0—1 之间，不存在正负数转换问题，便于进一步处理。

二是客观赋予权重。高校投入、产出指标的权重确定是对高校办学活动各个环节相对重要性的认定。要计算投入指标的综合得分以及产出指标的综合得分，关键在于如何确定单个投入指标和单个产出指标的权重。权重用于衡量综合指标中各单个指标的贡献程度。

目前确定指标权重的方法有客观赋权法和主观赋权法两大类。前者依据指标间的相关关系或各指标的变异系数来确定，如熵值法、变异系数法等；后者常采取定性方法，由专家根据经验进行主观判断获得权重，如专家评判、层次分析法等。基于投入产出方法论的绩效评价采用客观赋权的方法。我们选择兼有信息量权数和系统效用权数性质的主成分权数。主成分分析法是一种通用的评价方法，其中的方差贡献率描述了各主成分在反映各个原始指标信息量方面的能力大小，各主成分的方差贡献率反映了各个主成分对原始指标的信息保留量。以方差贡献率作为权重，实际上就是一种客观赋权。

具体做法是先基于投入指标组和产出指标组的协方差矩阵，分别计算出各个产出主成分与投入主成分的特征值及方差贡献率，以方差贡献率作为每个指标的客观权重，分别计算出产出综合指标得分和投入综合指标得分。

三是计算投入、产出综合得分。运用主成分方法计算投入综合得分与产出综合得分，提取主成分时依据有二，一是主成分对应的特征值大于1，以表明该主成分的影响力度较大；二是主成分的累计方差贡献率在75%以上，以表明该主成分对原始指标信息量的保留量较大。以所提取主成分中各指标的方差贡献率为权重，将各投入、产出指标的值进行加权平均，分别得到投入、产出指标的综合得分。如果要测算n年的投入、产出指标的综合得分，取各指标的n年算术平均值即可得到n年整体的投入、产出综合得分。

四是呈现绩效结果。依据投入综合得分和产出综合得分，采取两种方式呈现高校绩效的结果。一是以绩效得分的分值显示高校的绩效状况，即"产出/投入"数学模型方法。分别算出高校n年产出、投入指标的综合得分，再取n年得分的算术平均值，代入"产出/投入"模型所得比值即为高校n年的绩效得分。二是以绩效类别显示高校的绩效状况，即"位差方法"。采用归类的方式，将各校产出得分排序与投入得分排序的差值作为绩效评价的归类标准，形成三种绩效类别。产出排序与投入排序差值为0的归入"绩效相当"类，表明产出与投入相当；产出排序高于投入排序1位以上的归入"绩效偏高"类，表明产出高于投入；产出排序低于投入排序1位以上的归入"绩效偏低"类，即产出低于投入。当然，这些显示方法并非是绩效结果表达的全部方式，也不一定是最好的方式。如何更直接、更好地在投入、产出基础上呈现绩效状况，还可以不断研究和改进。

（三）选取评价测试对象

根据数据的可获得性，本研究选取教育部直属高校（本书中的简称直属高校）作为高校绩效评价对象，以每年的《教育部直属高校基本情况统计资料汇编》以及教育部等官方网站为数据来源，对 72 所直属高校（三所两地办学高校各自合为一所）进行绩效评价。

四、高校绩效评价的过程与结果

我们于 2009 年进行了第一次绩效评价，测试年限为 2006—2008 年 3 年，评价结果发表于《中国教育报》2009 年 12 月 9 日版。2011 年进行了第二次绩效评价，测试年限为 2006—2010 年 5 年，并为 69 所直属高校（三所艺术类高校除外）分别撰写了个性化《高校绩效评价报告》。这一工作得到了很多高校的大力支持，使得这一研究能够得到不断改进。

（一）调查与反馈

2011 年，我们向 69 所直属高校发放问卷，就高校绩效评价的指标、权重、方法以及对本校绩效评价结果的看法等内容，广泛征求直属高校的意见，收到了半数直属高校的反馈。其中有一些高校对绩效评价提出了不同的看法，但大多数高校对绩效评价持肯定和支持的态度。

吉林大学认为，绩效评价作为“来自第三方的客观评价给我们以警醒和启示，为加快推进学校改革发展提供了借鉴”。湖南大学认为绩效评价报告“对我校创新发展理念，把握发展规律，提高办学质量与办学效益具有重要意义”，“绩效评价报告中对我校提出‘继续保持和加强基本建设投资’、‘关注特色专业发展’等宝贵建议，符合学校发展实际，非常值得借鉴”。中国传媒大学认为，“此次就 5 年周期高校绩效评价报告一一征求各高校的意见，必将推动高校重视办学效益，注重‘产出投入比’，为政府和高校‘绩效管理’奠定评价基础……绩效评价方法注重动态反映高校办学的效益，有利于督促高校提高办学效益；评价指标比较科学，除国际通行的指标外，采用了中国高校办学中可衡量的‘特色指标’……可以说，《绩效报告》在某些重要方面是我校办学的指南针”。北京交通大学认为绩效评价“总体比较客观，指标体系较为完整，运用投入产出分析法对评价高校绩效工作而言简明有效。在现有基础上适当调整指标体系，相信会对各高校明确其定位具有一定指导意义”。西安电子科技大学认为“该评价结果还是能反映出学校的发展效益，所选取的指标也具有一定代表性，所得结论基本符合学校近年来的发展情况，可以为学校资源的重新配置提供依据和参考”。天津大学认为绩效评价报告“符合天津大学实际情况。建议逐步探索人才培养质量评价方法和文化思想对社会发展的贡献力”。东北林业大学建议将“二级指标的所得分值通告学校，使学校进一步明确具体哪些方面还存在问题，今后加以改进”。西北农林科技大学认为，“直属高校绩效评价工作，开辟了我国高校评价的新领域，具有重要意义……但不能反映农林高校社会服务的效益，导致评价结果不尽合理”。东华大学提出要尽量“少用或不用学校自报的数字。……各学校自行上报，可能不太客观”。厦门大学认为“学校分类应考虑厦大这类未合并的大学差异，进行分类解释。自变量与因变量的交互效应考虑不足”。南开大学认为，“高校并不等同于企业，高校的投入周期相对漫长，一时的投入未必能够带来显著的改变……用量化的指标来评价大学的发展状况的现象已经受到了普遍质疑……在很大程度上忽视了高校需要宽松的教学、科研环境，需要长期积累的教学规律”。“不同院校、不同学科各有特色，学术论文等科研成果的产出不具有可比性……调整科研论文等级评价标准：充分考虑学科级别、论文发表的学术刊物级别等，不能以统一标准来衡量……增加反映教学质量的相关指标等”。华中师范大学“对教学绩效评价和科研绩效评价的结果赞同……对社会服务绩效评价，希望能考虑文科类学校社会服务的特点”。四川大学认为绩效评价“其导向必然是让被评价单位尽可能减少‘投入’部分，尽可能增大‘产出’部分……在‘投入’指标上，不能将高校通过自己的声誉、学术地位和管理水平从外部获得的收入视为‘投入’，否则，因为‘投入’低，其‘产出/投入’的绩效反可能远高于某些学术地位高而竞争力强的学校……根据在特定管理水平之下组织规模报酬递减原理，随着高校规模达到一定程度，其边际绩效开始降低，甚至有低于小规模学校的可能，这是正常现象”。

此次反馈比较集中的建议是，希望评价指标能够体现不同类型高校的特点；科研指标更应该靠向国际标准；横向经费不计入投入。

（二）绩效指标的调整

我们高度重视并仔细分析所有的反馈意见和建议，将其用于2012年对高校绩效评价指标的调整。直接采用《高等教育基层统计报表》中的“学校办学类型”划分，将72所直属高校分为“综合类”“大理类”和“大文类”三个类型。由于目前师范类的专业设置与综合类趋同化现象较为明显，因此综合类高校含师范高校，共27所。大理类高校包括理工、农林、医药等高校，共32所。大文类包括语言、财经、政法、艺术等高校，共13所。依此建构高校分类绩效指标体系。

2012年根据主观增减与模型筛选，指标修订结果是，三类高校投入指标相同，产出指标根据学校类型有所侧重，见表1。

表1　2012年确立的直属高校绩效评价分类指标体系

投入指标（12项）			综合类（12项）	大理类（12项）	大文类（12项）
人力投入	1	专任教师数	√	√	√
	2	行政人员数	√	√	√
	3	教辅及工勤人员数	√	√	√
	4	具有博士学位专任教师数	√	√	√
	5	研究与发展全时人员数	√	√	√
财力投入	6	教育经费投入（拨款与收入）	√	√	√
	7	科研经费拨款	√	√	√
	8	其他经费拨款	√	√	√
物力投入	9	实验室（实习场所）面积	√	√	√
	10	图书馆面积	√	√	√
	11	教室面积	√	√	√
	12	图书册数	√	√	√

续表

产出指标（21 项）			综合类（21 项）	大理类（19 项）	大文类（14 项）
教学产出	1	当量在校生数（不含留学生与培训生）	√	√	√
	2	当量学历在校留学生数	√	√	√
	3	规划教材数	√	√	√
	4	精品课程数	√	√	√
	5	特色专业数	√	√	√
	6	ESI 前 1% 学科数	√	√	△
	7	百篇优秀博士学位论文数	√	√	√
	8	当量国家级教学成果奖获奖数	√	√	√
科研产出	9	出版专著数	√	√	√
	10	发表论文总数	√	√	√
	11	SCI 期刊论文数	√	√	△
	12	EI 期刊论文数	√	√	△
	13	CSSCI 期刊论文数	√	√	√
	14	SSCI 期刊论文数	√	√	√
	15	当量国家科技奖获奖数	√	√	△
	16	当量省部级科研成果奖获奖数	√	√	√
	17	研究与发展课题数	√	√	△
社会服务产出	18	研究报告采纳数	√	△	√
	19	社会培训数	√	√	√
	20	技术转让当年实际收入	√	√	△
	21	专利出售当年实际收入	√	△	△

注：√代表“使用”，△代表“不使用”。

（三）2012 年绩效评价结果

依据调整后的分类指标，运用主成分分析方法分别计算出 2007—2011 年三类直属高校 5 年的投入、产出综合得分，见表 2、表 3。

表 2 2007—2011 年三类直属高校 5 年投入综合得分及排序

学校类别	学校名称	得分	排序	学校名称	得分	排序
大理类（32 所）	清华大学	1.0000	1	长安大学	0.4426	17
	华中科技大学	0.8347	2	西北农林科技大学	0.4335	18
	同济大学	0.8071	3	东北林业大学	0.4329	19
	华南理工大学	0.6459	4	河海大学	0.3878	20
	西南交通大学	0.6272	5	中国农业大学	0.3784	21
	武汉理工大学	0.6196	6	北京交通大学	0.3568	22
	中国矿业大学	0.5902	7	东华大学	0.3541	23
	中国石油大学	0.5820	8	南京农业大学	0.3463	24
	大连理工大学	0.5404	9	北京科技大学	0.3427	25
	东北大学	0.5051	10	华北电力大学	0.3425	26
	中国地质大学	0.4926	11	华中农业大学	0.3105	27
	天津大学	0.4913	12	中国药科大学	0.3021	28
	华东理工大学	0.4880	13	北京邮电大学	0.2603	29
	电子科技大学	0.4600	14	北京化工大学	0.2347	30
	合肥工业大学	0.4504	15	北京林业大学	0.2310	31
	西安电子科技大学	0.4482	16	北京中医药大学	0.1582	32
综合类（27 所）	北京大学	1.0000	1	西南大学	0.4596	15
	吉林大学	0.9724	2	南开大学	0.4401	16
	浙江大学	0.8688	3	东南大学	0.4401	17
	四川大学	0.8058	4	华东师范大学	0.4366	18
	上海交通大学	0.8013	5	中国人民大学	0.3991	19
	武汉大学	0.7512	6	北京师范大学	0.3678	20
	山东大学	0.7291	7	湖南大学	0.3550	21
	中山大学	0.7284	8	兰州大学	0.3475	22
	复旦大学	0.6644	9	中国海洋大学	0.3066	23
	中南大学	0.5487	10	华中师范大学	0.2914	24
	南京大学	0.5031	11	东北师范大学	0.2907	25
	厦门大学	0.4856	12	江南大学	0.2749	26
	西安交通大学	0.4798	13	陕西师范大学	0.2609	27
	重庆大学	0.4686	14			

续表

学校类别	学校名称	得分	排序	学校名称	得分	排序
大文类（13所）	中南财经政法大学	1.0000	1	北京外国语大学	0.5910	8
	中国传媒大学	0.8801	2	北京语言大学	0.5534	9
	西南财经大学	0.8086	3	上海外国语大学	0.5369	10
	中国政法大学	0.7426	4	中央美术学院	0.3131	11
	对外经济贸易大学	0.7188	5	中央音乐学院	0.2310	12
	上海财经大学	0.6997	6	中央戏剧学院	0.1419	13
	中央财经大学	0.6622	7			

表3　2007—2011年三类直属高校5年产出综合得分及排序

学校类别	学校名称	得分	排序	学校名称	得分	排序
大理类（32所）	清华大学	1.0000	1	北京科技大学	0.2103	17
	华中科技大学	0.5652	2	河海大学	0.1809	18
	华南理工大学	0.3737	3	南京农业大学	0.1753	19
	同济大学	0.3734	4	西安电子科技大学	0.1681	20
	天津大学	0.3644	5	合肥工业大学	0.1549	21
	大连理工大学	0.3024	6	东华大学	0.1473	22
	中国矿业大学	0.2986	7	华中农业大学	0.1466	23
	中国农业大学	0.2888	8	北京邮电大学	0.1410	24
	西南交通大学	0.2559	9	长安大学	0.1346	25
	中国地质大学	0.2483	10	华北电力大学	0.1315	26
	武汉理工大学	0.2463	11	西北农林科技大学	0.1237	27
	中国石油大学	0.2416	12	北京化工大学	0.1135	28
	北京交通大学	0.2340	13	北京林业大学	0.0924	29
	华东理工大学	0.2338	14	东北林业大学	0.0842	30
	东北大学	0.2334	15	中国药科大学	0.0766	31
	电子科技大学	0.2151	16	北京中医药大学	0.0532	32

续表

学校类别	学校名称	得分	排序	学校名称	得分	排序
综合类（27所）	浙江大学	1.0000	1	华东师范大学	0.4419	15
	北京大学	0.9171	2	西安交通大学	0.4191	16
	武汉大学	0.7544	3	厦门大学	0.4181	17
	复旦大学	0.7201	4	东南大学	0.3410	18
	上海交通大学	0.6613	5	重庆大学	0.3288	19
	四川大学	0.6373	6	华中师范大学	0.3004	20
	山东大学	0.5717	7	湖南大学	0.2882	21
	中山大学	0.5502	8	西南大学	0.2827	22
	南京大学	0.5471	9	兰州大学	0.2703	23
	吉林大学	0.5292	10	江南大学	0.2113	24
	中国人民大学	0.5415	11	东北师范大学	0.2079	25
	北京师范大学	0.5166	12	陕西师范大学	0.1748	26
	南开大学	0.4731	13	中国海洋大学	0.1664	27
	中南大学	0.4430	14			
大文类（13所）	上海财经大学	1.0000	1	北京外国语大学	0.6663	8
	对外经济贸易大学	0.9407	2	西南财经大学	0.6361	9
	中国传媒大学	0.9149	3	上海外国语大学	0.5423	10
	中南财经政法大学	0.8399	4	中央美术学院	0.1426	11
	北京语言大学	0.7720	5	中央音乐学院	0.1272	12
	中国政法大学	0.7137	6	中央戏剧学院	0.1023	13
	中央财经大学	0.7032	7			

2012年的高校绩效评价，以绩效类别的方式呈现绩效评价结果。结果显示，2012年各直属高校之间绩效差异明显。以各直属高校的产出综合得分排序与投入综合得分排序之间的差值为类别划分标准，产出排序与投入排序两者差值为0的高校，归为“绩效相当”类别；差值大于等于1的高校，归为“绩效偏高”类别；差值小于等于-1的高校，归为“绩效偏低”类别，见表4。

表 4　2007—2011 年 72 所直属高校的绩效归类情况

绩效类别	位差	学校名称
绩效偏高（28 所）	13	中国农业大学
	9	北京交通大学
	8	中国人民大学、北京师范大学、北京科技大学
	7	天津大学
	5	复旦大学、上海财经大学、南京农业大学、北京邮电大学
	4	北京语言大学、华中师范大学、华中农业大学
	3	武汉大学、南开大学、大连理工大学、华东师范大学、对外经济贸易大学
	2	浙江大学、南京大学、江南大学、河海大学、北京化工大学、北京林业大学
	1	华南理工大学、中国地质大学、东华大学、陕西师范大学
绩效相当（16 所）	0	清华大学、上海交通大学、华中科技大学、山东大学、中山大学、湖南大学、中国矿业大学、东北师范大学、华北电力大学、北京中医药大学、北京外国语大学、中央财经大学、上海外国语大学、中央戏剧学院、中央美术学院、中央音乐学院
绩效偏低（28 所）	－1	北京大学、同济大学、东南大学、兰州大学、华东理工大学、中国传媒大学
	－2	四川大学、电子科技大学、中国政法大学
	－3	西安交通大学、中国药科大学、中南财经政法大学
	－4	中南大学、西南交通大学、中国石油大学、西安电子科技大学、中国海洋大学
	－5	厦门大学、重庆大学、武汉理工大学、东北大学
	－6	合肥工业大学、西南财经大学
	－7	西南大学
	－8	吉林大学、长安大学
	－9	西北农林科技大学
	－11	东北林业大学

注：位差相同高校依产出得分高低序列呈现。

五、高校绩效评价任重道远

高校绩效评价是对高等教育评价的拓展，而不是替代。对高等学校进行绩效评价有一些共同性的问题值得深入探讨。

（一）投入与绩效的关系

由于高校绩效评价是将高校的投入与产出进行比较分析，绩效高低与投入多少直接相关，一些高校质疑，那不是减少投入可以实现产出增长和绩效提升吗？我们首先要说，我国直属高校的绩效总体水平是相当高的。作为我国高水平大学的代表，75 所直属高校尽管从数量上仅占全国高校数量的 3%，却是我国高层次人才培养的重要阵地，拥有全国近 50% 的博士学位授权点，培养了全国 60% 以上的博士研究生；是我国高科技自主创新的重要阵地，拥有全国 78% 的一级学科国家重点学科，聚集了全国 69.7% 的优势学科，进入世界 ESI 学科排名前 1% 的学科数占全国总数的 74.9%；并为我国科技进步做出了重大贡献，承担了全国 50% 左右的重大科研项目，攻克了众多技术难题，突破国外技术垄断，产出了全国 50% 的高尖端科研成果；是我国经济结构调整、社会文化建设的重要阵地，参与国家众多公共政策和社会事务的研究与活动。但这并不能否认绩效评价的必要性，恰恰相反，直属高校开展绩效评价不仅有利于提高自身的办学效率，而且可以对全国高校产生示范作用。

任何一种评价方法都不可能反映高校的全部功能和全部成就，绩效评价的作用和目的只是反映投入与产出的关系，诊断学校效率高低的领域和原因，促进高校的绩效提高，并不试图也不可能承载对高校工作的全部评价，相信也不会有任何一所高校真的会用减少投入的方法来提高办学效率。从长远看，低投入也不可能维持高产出。

（二）数量指标与质量提升要求的关系

全面提高高等教育质量是高校办学的核心。那么数量指标能否反映质量提升要求呢？事实上，数量和质量的关系是辩证的。数量是质量的基础，质量是数量的提升，数量是具体的，质量是抽象的，没有数量就没有质量，质量蕴含于数量之中，结构化的数量就是质量的体现。当然，有数量不一定有质量。比如不同等级的论文、项目、奖项，其“含金量”是不同的，绩效评价的目的正是通过考察数量的结构、层次以体现质量的水平，引导数量向质量的提升。

（三）自筹经费与投入、产出的关系

有人主张将经费指标中“自筹”经费（不含学杂费）从投入指标转变为产出指标。这个意见具有一定的合理性，但将自筹经费直接计入产出也比较牵强，它毕竟仍是总投入的一部分。因此，我们暂时悬置“自筹经费”，将它从经费总额中剥离出来，既不计入投入，也不计入产出。

（四）“位差方法”的局限性

通过绩效分类使得个别高校在既是高投入又是高产出的状态下，被“位差方法”归入了“绩效相当”类别，投入第一名、产出第一名的高校尤为突出。因为，投入和产出都是第一名的高校即使投入产出再高，也没有排名上升的空间了。

这反映了“位差方法”表达高校绩效的局限性。所以，我们又运用DEA方法对高校投入与产出之间的相对效率进行了分析与比较，结合两种方法可以对高校绩效做出更全面的判断。如何看待学校规模大小对绩效的影响，如何避免高校为了提高绩效，仅仅针对某些容易提升的指标进行“偏向性投入”等等，也都是很值得重视的问题。

随着我国高等教育改革的不断深入，一定还会不断出现新情况、新问题，高校绩效评价无疑要不断研究和完善适合我国高等教育发展的绩效评价办法，为保障和提高高等教育质量服务。

第一章 高校绩效评价的背景

高校绩效评价的产生与发展，既是社会经济发展推动的结果，也是理论发展催生的产物。作为许多国家采用的一种高校管理手段，高校绩效评价内涵不断丰富，方法日趋多样，功能逐渐拓展，形成了各具特色的评价体系。本章主要阐述我国实施高校绩效评价的背景，包括政策引导、实践需求和国际趋势，以此说明实施高校绩效评价的必要性和紧迫性。

第一节 政策要求

概括而言，我国绩效评价政策经历了从政府到高校、从局部实施到全面要求的过程。

一、引导政府部门开展绩效评价

我国首先在政府部门引入绩效评价，这与盛行于世界各国的新公共管理运动密不可分。早在2003年党的十六届三中全会通过的《中共中央关于完善社会主义市场经济体制若干问题的决定》中，就提出了“健全公共财政体制、建立预算绩效评价体系的改革目标”。2004年，国务院颁布《全面推进依法行政实施纲要》，提出“要积极探索行政执法绩效评估和奖惩办法”，旨在加强行政执法责任制。2005 年，国务院在《2005 年工作要点》中提到，要“探索建立科学的政府绩效评估体系和经济社会发展综合评价体系”。同年，国务院《关于深化经济体制改革的意见》（国发〔2005〕9 号）提出，要“逐步建立健全财政预算绩效评价体系”。从中可以看出，我国的绩效评价起始于健全财政体制的需要，后来才全面提出政府绩效评价。2008 年，温家宝总理在十一届人大一次会议上提出要推行“政府绩效管理制度”，绩效的范围从原初的绩效评价拓展到绩效管理。2010 年，中纪委监察部正式组建绩效管理监察室。2011 年，由监察部、中组部、中编办、国家发改委等 9 个部门组成的政府绩效管理工作部际联席会议成立。同年，国务院批准 8 个地区和 6 个部门开展政府绩效管理试点工作。这一系列动作，标志着政府绩效管理工作开始从国家层面推广。

二、引导教育领域开展绩效评价

随着政府绩效评价的实施，教育领域也逐渐开始倡导绩效评价。由于与政府部门任务存在差异，教育领域的绩效评价有自身的实施范围和发展过程，并首先从科研评价、财务管理、教师工资等方面展开，然后逐步扩展到更多领域。

（一）引导实施科研绩效评价

我国科研绩效评价的提出较早。2005 年，《“十一五”国家科技基础条件平台建设实施意见》对建立以绩效考评为基础的奖优罚劣制度，以及及时将平台建设项目和平台运行情况向社会公示，发挥社会监督作用等强化监督管理提出了具体要求。2006 年，国务院印发《实施〈国家中长期科学和技术发展规划纲要（2006—2020 年）〉若干配套政策的通知》（国发〔2006〕6 号），指出“目前我国科技投入管理和调控尚缺乏有效的资源整合机制，投入不足和浪费低效并存，资金管理较为粗放，绩效考评和问责机制薄弱”，提出要“建立财政科技经费的绩效评价体系，明确设立政府科技计划和应用型科技项目的绩效目标，建立面向结果的追踪问效机制”。

2010 年，国家自然科学基金委和财政部在北京联合启动科学基金资助与管理绩效国际评估，首次对公共财政支出科研经费资助与管理活动进行大规模整体绩效国际评估，评估主要从战略定位、资助绩效、管理绩效及影响四个方面，对科学基金 25 年来的资助与管理活动进行评估，旨在全面总结科学基金资助与管理工作，进一步明确完善科学基金制的着力点。2011 年，《教育部关于进一步贯彻执行国家科研经费管理政策加强高校科研经费管理的通知》（教财〔2011〕12 号）提出“各高校要建立科学的项目考核评价机制，加强绩效评估，注重科研经费使用效益”。2012 年，《教育部关于进一步加强高校科研项目管理的意见》（教技〔2012〕14 号）及《教育部关于进一步规范高校科研行为的意见》（教监〔2012〕6 号）提出要完善科研绩效管理办法，建立鼓励创新、体现科研实绩的科研人员绩效管理机制。同年 12 月，教育部召开会议部署六项机制加强高校科研管理，强调要“建立鼓励创新、体现科研实绩的科研人员绩效奖励制度”。

（二）引导实施教师绩效评价

教师绩效评价主要应用于教师的绩效工资，首先在义务教育领域展开，后逐渐扩展到高等教育领域。2008 年，国务院颁发《关于义务教育学校实施绩效工资的指导意见》，规定“按国家规定执行事业单位岗位绩效工资制度的义务教育学校正式工作人员，从 2009 年 1 月 1 日起实施绩效工资”。同年，教育部《关于做好义务教育学校教师绩效考核工作的指导意见》（教人〔2008〕15 号）中提出，“要实施义务教育学校绩效工资制度，深化教师人事制度改革”。2010 年《教育部 2010 年工作要点》再次强调，“落实义务教育教师绩效工资政策，抓好教师绩效考核和奖励性绩效工资分配，支持优秀人才长期从教、终身从教”，比以前的文件更进一步的是，该工作要点开始提出非义务教育阶段实施绩效工资政策的导向，提出“研究和指导非义务教育阶段学校实施绩效工资政策”。《教育部 2011 年工作要点》中则更加明确地提及了高等教育阶段的绩效工资制，提出要“深化职员制度改革，指导直属高校做好实施绩效工资工作”。

（三）引导实施财务绩效评价

2009 年，财政部、教育部在《关于进一步加强农村义务教育经费保障机制改革资金管理的若干意见》（财教〔2009〕2 号）中提出，“开展保障机制实施情况的绩效评价，进一步完善奖惩机制”，“按照全国人大常委会预工委关于建立重点支出的绩效评价制度等要求，财政部、教育部将开展农村义务教育经费保障机制的绩效评价工作，健全完善绩效评价指标体系和工作机制，对保障机制资金的使用和管理情况进行跟踪问效。各地也要把绩效理念贯穿于经费管理的全过程”，“为支持引导各地加强经费管理，中央财政将根据绩效评价结果等情况，进一步加大奖惩力度，健全完善奖惩机制”。《教育部 2011 年工作要点》明确提出，“建设全面预算管理制度，完善预算支出绩效评价体系和资源配置机制”。2012 年，教育部《关于印发〈教育部直属高校基本建设管理办法〉的通知》（教发〔2012〕1 号），指出“直属高校建设项目实行项目后评价制度，根据有关规定要求，结合实际情况，对项目建成后所达到的实际效果进行绩效评价”。2012 年 12 月，财政部会同教育部发布了修订后的《高等学校财务制度》，进一步规范高等学校财务行为，明确高等学校应当进行支出绩效评价，提高资金使用的有效性，新制度于 2013 年 1 月 1 日起施行。2013 年，《教育部 2013 年工作要点》再次强调，“完善监管体系，加强教育经费使用绩效评价和审计监督，严格国有资产使用和处置管理”。同年，《教育部关于 2013 年深化教育领域综合改革的意见》（教改〔2013〕1 号）提出，“完善投入保障机制，健全各级政府教育经费分担机制，进一步明晰中央和地方的教育事权和财政支出责任。加快研究制定高等职业学校生均财政拨款标准。加强教育经费使用绩效评价和审计监督”。

三、推动高校开展绩效评价的政策

随着我国政府职能的转变以及推动高校办学质量的提高，对高校实施绩效评价已经成为政府管理高校的手段和方法之一。2007 年，《教育部、财政部关于实施高等学校本科教学质量与教学改革工程的意见》（教高〔2007〕1 号）中提到，“质量工程领导小组办公室将加强对质量工程建设项目的检查、审计和绩效评估，并根据检查、审计、评估的结果，对有关高等学校的项目和资金进行调整”。同年，《教育部关于加快研究型大学建设增强高等学校自主创新能力的若干意见》（教技〔2007〕5号）中指出，“建立符合研究型大学特点的评估制度，组织专家对研究型大学进行绩效评估，重点是学校规划的完成情况和各项目标的执行情况，为政府支持研究型大学发展提供政策咨询。大幅度精简对研究型大学的其他各类检查、评估活动”。2010年，《国家中长期教育改革和发展规划纲要（2010—2020年）》明确提及，加快建设一流大学和一流学科，“改进管理模式，引入竞争机制，实行绩效评估，进行动态管理”。同年，教育部要求全国教育系统认真学习贯彻全国教育工作会议精神，全面实施教育改革和发展规划纲要，提出要建立督查督办机制，使全程跟踪与定期检查有机结合，监测落实进展和效果，进一步完善绩效考核和问责制度，确保中央重大教育政策的执行力和公信力。2012年，《国家教育事业发展第十二个五年规划》更加详细地从制度建设、发展方向、评价主体、评价对象、评价结果使用等方面对绩效评价提出了要求，指出“建立教育绩效评价制度，以服务经济社会发展和人的全面发展为导向，以人才培养质量为核心，制定科学评价政府、学校和教师的教育绩效评价指标体系；鼓励社会、家长、用人单位和第三方机构通过多种方式参与教育绩效评价；将高等学校和职业院校的绩效同政府对学校的奖励性、竞争性教育拨款挂钩”。至此，高校绩效评价已经拥有了明确有力的政策引导与支撑。

第二节　现实需要

经过十余年的规模大增长后，我国高等教育进入了“后扩招时代”，重心由数量增长转向了规模、质量、结构、效益的协调发展。“后扩招时代”的高等教育在提高质量的同时面临着许多危机，如财务危机、效率危机等。要在克服这些危机的同时提升质量，需要改革高等教育管理方式，优化高校资源配置。高校绩效评价的实施成为迫切的现实需要。

一、绩效评价是高等教育从数量发展向质量提升的时代要求

在很长的时间里，我国高等教育处于落后状态。20 世纪 80 年代初，我国高等教育毛入学率只有 3%，即使到 90 年代末，也还不到 10%，远远落后于世界 20% 的平均水平。10 多年的扩招，我国高等教育在校生从 300 多万增长到 3000 多万，毛入学率提高到 2012 年的 30%，成为一个高等教育大国。在这段时间里，中国教育最大最紧迫的任务就是发展数量、扩大规模，让尽可能多的青年圆上大学梦。与此同时，我国是穷国办大教育，教学资源不足、师资力量短缺、办学经费紧张，有时基本教学经费都难以保证，在这样的情况下，绩效评价难以提上议事日程。

随着规模增长，大学的封闭性被打破，对外部资源的依赖增强，日益受到来自政府、社会、企业、家长和学生等多元主体构成的“利益群体”的高度关注与监督。同时，教育经费也在大幅上涨，如何用好钱、管好钱成为值得关注的问题。绩效评价成为对高等教育进行全面质量评估的必然要求，是促进高等教育从数量发展向质量提升的重要推动力量。

二、绩效评价是高校提高公共经费使用效率的现实需要

我国高等教育拨款模式经历了“基数加发展”、“综合定额加专项补助”等变迁。“基数加发展”，是当年各院校的投资额以前一年实际支出结果为基数，考虑当年变化因素而确定。决策机构定预算的时候，各院校经费需求的唯一真实指数是它们在前一年花费了多少钱，这种拨款模式是以历史支出结果为基础，属于渐进式的投资运行模式。在这种情况下高等院校财政经费是政府下达，专款专用，学校的办学自主权极其有限。这样的管理体制不仅给国家财政带来负担，也使高等教育缺乏生机与活力。“综合定额加专项补助”的模式，实行“包干使用，超支不补，结余留用”的政策。该模式下经费分成两部分：一部分是综合定额，通过在校学生数乘以生均拨款标准而求得；另一部分是专项补助，考虑高校特殊需要，专款专用。在这种拨款中没有引入绩效指标，拨款只与教育投入的成本估计和注册学生数相联系，而没有考虑学校的办学绩效，也不能很好地反映各个

学校的实际办学水平和教育经费使用效率。

随着我国高等教育内涵建设的推进，高等教育经费不断增加，其使用效率越来越受到政府和社会的关注。尤其是2012年实现教育经费占GDP 4%的目标后，国家将新增6000亿教育经费，若按2010年我国高校教育经费支出占当年教育经费总支出28.4%的比例测算，2012年高等教育新增经费为1704亿元，保守估计今后五年高等教育将新增经费8520亿元。如何确保巨额高等教育经费投入得到有效使用，将是我国政府及高校迫切需要关注和解决的问题。

开展高校绩效评价就是要考察高等教育经费投入是否得到有效使用，资源投入是否带来了应有的产出效率，以及时了解资源投入与产出的绩效状况。一方面有助于帮助学校诊断办学的成效、优点和弱点，促进学校形成和强化成本意识，合理配置投入资源，提高使用效率；另一方面，为政府逐步依据高校绩效状况调整财政拨款提供参考，推动高校不断改善内部管理，提高办学效率。

三、绩效评价是对现有绝对性高校评价不足的补充

目前由政府或民间机构组织实施的高校评价很多，对引导高校重视教育教学和科学研究活动发挥了积极作用。但这些评价多属于一种绝对性评价。绝对性评价关注高校的发展结果（产出），不太关注高校的发展条件（投入），尤其很少关注投入条件下的产出，把发展条件存在差异的高校放在绝对结果评价的同一标准线上。因此，在评价指向和结果上容易出现一些偏向和负面效应。

一是偏向绝对量的评价。绝对性评价对拥有不同投入的高校均采用同一产值绝对量来进行成绩优劣的评价，并不能很好地体现高校投入的差异性，容易加重资源获得的“马太效应”。为了促进我国高水平大学的建设，10年来政府对高校的财政投入，尤其是专项投入增加很多，但不同高校所获国家资源的差距却很大。在这种情况下，实施以绝对量为标准的评价，会使获得资源较少的高校即使努力程度较大也无法以绝对产量的大幅提升获得较高评价，长此以往，容易导致资源供给的“马太效应”，即产出绝

对量增加慢，评价越低；评价越低，获得的资源越少；获得的资源越少，产出绝对量增加就越慢，继而评价仍然会越低。这样的循环不仅不能充分体现高校办学资源使用效率，而且还会损害一些高校的办学积极性。

二是偏向累积结果的评价。绝对性评价主要考察的是高校发展到当年的累积结果和成绩，对高校在一段时间内的发展效率或效益、进步与努力程度等动态发展状况重视不够，容易导致资源的“自然获得”效应。由于区域或历史等原因，我国高校在资源积累上具有浓厚的“自然获得”特征，也即不少资源的获得既不是通过竞争，也不是依据学校的努力程度，而是得益于建校历史、认定性重点、地区发展需要等许多外在因素。虽然近年来，尤其是实施“211 工程”和“985 工程”以来，这样的自然性获得惯性被慢慢打破，但高校办学资源尤其是国拨资源仍然没有完全进入一种竞争获取状态。那些非“211”和非“985”高校，无法通过努力办学和提高资源利用而获得大量的国拨经费，这同时也会损害由此带来的吸纳其他社会资源的能力。以累积结果为标准的绝对性评价，把获得发展资源极不对等的高校放置在相同的绝对产出量上进行评价和比较，势必加重高校资源的“自然获得”效应，这不利于处于资源获得劣势境况的高校。

此外，绝对性评价还会进一步强化“利益力量”。被绝对性评价排在高位的高校会更容易聚集和壮大利益群体从而获得更大的发展；排在低位的高校则很难寻求利益群体的支持，也无法借助利益群体的政治力量为自己的发展寻求政策支持和社会资源。因此，开展投入—产出的高校绩效评价可以较好地反映高校的相对绩效，最大限度地反映和体现出高校的发展性，引导高校获得更好的办学效率/效益。目前，国内有些省市已经迈出了高校绩效评价的步伐，先行先试，为高校绩效评价的推广积累了经验，如上海市。这些探索充分反映了我国开展高校绩效评价的现实需要。

第三节　国际趋势

20世纪70年代以来，绩效评价被广泛用于高等教育领域，绩效评价结果在一些国家甚至与经费等资源分配环节直接挂钩。[①] 由于国情不同，各国具体开展绩效评价的机构、采用的绩效指标、实施方式与范围以及对评价结果的运用情况等都有所不同。美国和英国是较早对高等学校开展绩效评价的国家。本节根据评价主体的不同，从政府主导和社会主导两个维度，分析美国、英国实施高校绩效评价的情况，管窥高校绩效评价的国际趋势。

一、国外实施高校绩效评价概况

自20世纪70年代末新公共管理运动的兴起，绩效评价日益成为各国重塑政府公共管理的基本手段。正如有学者言，“比起其他途径而言，绩效管理改进绩效通常较为缓慢，它的实施需要更长时间。但尽管如此，世界范围内的政府再造者都发现，使用绩效管理可以使政府的生产率获得显著持续的增长。”[②] 高等教育领域也同样体现了这一价值取向，并逐渐引入了绩效评价的理念和实践。人们越来越关注占用大量公共经费的高等学校的绩效表现如何。特别是在高等教育规模扩张的情况下，高校自身该如何管理以提高效率？如何向政府证明对其投资是必需的或是有价值的？如何向学生、家长及公众表明其质量？政府该如何对高校进行高效有力的组织管理，同时又不妨碍大学的学术自由和自治？政府该依据什么给高校拨款才能避免机构臃肿、效率低下和资源浪费等弊端？绩效评价由此逐渐成为政府改革包括高等教育在内整个公共部门管理的一剂“良方”。美英两国

① GAITHER，G.，etc. Measuring Up：the Promises and Pitfalls of Performance Indicators in Higher Education［EB/OL］. ERIC Digest. 1995（6）. http：//www.ericdigests.org/1996－1/measuring.htm.

② 戴维·奥斯本，等. 摒弃官僚制［M］. 谭功荣，等，译. 北京：中国人民大学出版社，2002：42，146.

率先开始实施高校绩效评价，建立专门机构对公共部门绩效评价进行研究，探索适合的绩效评价指标，推动绩效评价结果与拨款相联系的实施措施。由于两国独特的教育行政管理体制和大学自治传统，其实施绩效评价特点有所不同。

美国是最早从州这一层次开展高校绩效评价的国家。在美国，由政府主导的高等学校绩效评价主要是在各州的层面上开展，并且主要融入在绩效问责活动中，一般是绩效报告、绩效拨款、绩效预算政策中的一个环节。此外，也有一些非政府主导的研究机构，对特定类型的高校进行绩效测评。美国田纳西州从 1979 年正式实施高校绩效评价，包括绩效报告以及绩效拨款；该州政府认为绩效评价是提高高等教育投资效率的重要工具，通过绩效评价可以提高高校公共负责程度和推动质量改进。如今，美国约三分之二的州都在开展绩效报告。

英国是最早从全国范围开展高校绩效评价的国家。在英国，高等学校绩效评价可分为绩效报告、科研评价和教学评价。英国教育与科学部早在 1985 年的绿皮书《20 世纪 90 年代高等教育的发展》中就明确提出："有效的管理应不仅基于资源的有效利用（投入），也应基于取得结果的有效性（产出）。这意味着有必要开发和使用绩效测量方法。……政府认为，定期公布高校和院系的单位成本和其他一些绩效指标是有益的。……虽然衡量高等教育绩效具有很大的困难……但是，如果政府要实现控制公共支出和促使纳税人金钱使用达到效益最大化的目标，如果高校和与高等教育相关的其他方面要在资源分配决策中处于有利形势，就必须进行这样的努力。"① 英国于 1987 年由大学副校长和校长委员会推出了第一份年度绩效报告，按照指标顺序将每所大学的数据逐一公布出来，一直持续至今。1986 年英国开始首轮科研绩效评价并与绩效拨款挂钩。

时至今日，澳大利亚、法国、荷兰、新西兰、德国、加拿大等国家都在不同范围开展高等教育绩效评价并不同程度地与拨款挂钩。尽管由于社

---

① DES. The Development of Higher Education into the 1990s. Comd. 9524. London：HMSO，1985：31，49.

会文化以及高等教育发展特点的不同，各国开展高校绩效评价的目的与重点、方法与手段不尽一致，但将绩效评价作为改善高校管理、提高高校办学绩效的重要举措，却是各国共通的普遍趋势。

二、美国高校绩效评价的实施

（一）州政府实施的高校绩效评价

美国实行的是各州分权的高等教育管理体制，政府对高校的管理和协调主要是通过州高等教育委员会来实现。[①] 州高等教育委员会在州长和议会的领导下开展工作，以确保中学后教育机构的整体运行与州优先发展目标相一致并为公共利益服务。大部分委员会创设了问责系统来测量和保障其所辖范围内学校的质量。目前较为常见的问责方式包括绩效报告和绩效拨款，其首要目的是问责，但大多数州也鼓励院校运用这些数据和资料进行自我改进以提高质量。

田纳西州是美国目前仍在实行绩效拨款的州中最早制定和实施绩效资助政策的州。田纳西州高等教育委员会（Tennessee Higher Education Commission，THEC）主要是在一定程度上对高等教育政策产生影响，通过与其他高等教育部门协商，发展、促进全州的高等教育政策。作为高等教育的代言人和政府的助手，田纳西州高等教育委员会的这一角色利于在保证高校学术自由和办学自主权的同时，确保政府拨款的有效利用，促使高校认真履行社会赋予的责任。

1. 绩效评价对象及组织者

田纳西州的绩效拨款评价主要是针对公立高校开展的。田纳西州的公立高等教育系统目前包括 9 所公立大学、13 所社区学院和 26 个技术中心，

① 20 世纪以前，由于美国的高等教育还不很发达，州政府对高校进行直接管理。“二战”后，随着高等教育事业的发展和高等学校数量及学生数的增多，在州一级加强对高等学校的管理与协调日益成为必须。以协调和管理高等院校为主要职能的各州高等教育委员会在 20 世纪 60 年代先后成立。尽管各州级高等教育委员会名称不完全一致，但一般都承担着协调或管理的职能。各高教委员会的主要职责是：预算评估、项目评审及计划制定；向州长和立法部门提供高等教育拨款的建议；大多数的高教委员会还负责评审、批准颁发学位的新学科项目。有的高教委员会还负责学校管理，如遴选、评审学院和大学校长，在必要时干涉学校事务，以及实施预算。

在校学生约有 27 万人。①1975 年，该州 12 所公立高校在政府的号召下自愿参与了绩效拨款试验计划。1979 年，田纳西州高等教育委员会与高校协商制定了绩效拨款政策，并建立了 10 项绩效指标，目标是通过绩效评价提高高校公共负责程度和改进质量；并将该政策视为提高田纳西州高等教育的投资收益率的重要工具。② 从 1982—1983 学年正式开始，田纳西州的绩效拨款政策每 5 年调整一次，至今已正式开展了 7 轮。

2. 新一轮的绩效指标体系

2010 年 1 月，田纳西州议会通过了田纳西完全大学法案（Complete College Tennessee Act，CCTA），这是一个综合性的改革议程，主要是通过改变州和院校关于学术、财务和行政管理的政策，对公立高等教育进行改革。这主要是因为田纳西州的人们对更高质量的教育和培训的需求在增加，然而该州用以支持高等教育的财务能力却在下降。③

田纳西州高等教育 2010—2015 年公共议程上的目标是使田纳西州的教育成就到 2025 年时达到全国的预期标准。为解决本州的教育需求，基本的政策杠杆包括：（1）通过基于结果的资助公式提高生产力和效率；（2）通过修订后的绩效资助标准保证质量；（3）回应关于劳动力市场供需情况的研究，促进经济发展和劳动力发展；（4）通过有针对性的报告提高效率和效度；（5）通过区分不同类型院校的使命，提高效率；（6）通过院校间的合作，减少重复，提高效率；（7）通过刺激外部支持提高效率。从中可以看到，“效率”一词频繁出现。2010 年 7 月，田纳西州高等教育委员会公布了最新一轮绩效评价标准。与上一轮，即 2005—2010 年的绩效标准相比，2010—2015 年的评价标准由 5 条简化为 2 条，分别是：学生的学习及

① Tennessee Higher Education Commission Fact Book 2011—2012 [EB/OL]. http://www.state.tn.us/thec/Legislative/Reports/2012/2011 -%202012%20Fact%20Book%20for%20Web%20 (13.1.9). pdf

② BANTA, T.W. et al. Performance Funding Comes of Age in Tennessee [J]. The Journal of Higher Education 1996 (1): 23 -45.

③ Tennessee Higher Education Commission Fact Book 2011—2012 [EB/OL]. http://www.state.tn.us/thec/Legislative/Reports/2012/2011 -%202012%20Fact%20Book%20for%20Web%20 (13.1.9). pdf.

参与情况，学生入学质量及取得的成功，见表 1－1、表 1－2。

表 1－1　2005—2010 年田纳西州绩效评价标准及指标①

标　准	社区学院	大　学
标准 1－学生的学习环境及学习效果		
学生的学习——通识教育	15	15
学生的学习——专业领域测评	10	10
认证/项目评审/学术审查	10	15
标准 2－学生满意度	10	10
标准 3－学生保持率	15	15
标准 4－州总体计划中的优先发展项目		
院校战略规划目标	5	5
州战略规划目标	10	10
转学及其他		5
就业情况	10	
标准 5－评价结果		
预评价	5	5
实施评价	10	10
总分	100	100

① Tennessee Higher Education Commission. Performance Funding 2005—2010 Approved Standards [EB/OL]. http：//tn. gov/thec/Divisions/AcademicAffairs/PerformanceFunding/performance _ pdfs/PF_ 2005 －10_ Cycle_ Standards. pdf

表 1－2　2010—2015 年田纳西州绩效评价标准及指标①

标　准	社区学院	大　学
标准 1－学生的学习和参与情况		
通识教育测评	15	15
专业领域测评	15	15
学术项目：认证与评估	15	25
满意度调查	10	10
就业率	10	无
测评实施情况	10	10
小计	75	75
标准 2－学生入学质量及取得的成功	25	25
小计	25	25
总分	100	100
对下列群体中的 5 组人群的关注情况： 1. 成年人；2. 低收入家庭；3. 非洲裔美国人；4. 西班牙裔；5. 男性；6. 高需求的地理区域；7. STEM；8. 健康；9. 高需求；10. 择校；11. 从社区学院转到大学里的学生；12. AA/AS/AST 转学生；13. 获得学士学位的田纳西社区学院毕业生。		

通过对比可以看出，新的绩效评价体系更加简化。从评价内容来看，教育质量和学生的学习成效备受关注，评价指标尤其体现出了大学教育的整体性（从学生入学到毕业就业整个过程都有相应的评价指标）。作为本州公立高校绩效评价的组织实施者，田纳西州高等教育委员会协调政府部门和高校的相关人员，以政府的政策目标为导向，共同制定绩效评价指标、权重、达标标准等评价要素，以高校提供数据进行自我评价为基础，同时利用全国或专业组织统一的测验结果或调查结果对高校的绩效表现进行评价。另外，评价结果将用于州高等教育拨款公式计算，同时，这些年

① Tennessee Higher Education Commission. Performance Funding 2010—2015 Approved Standards [EB/OL]. http://tennessee.gov/moa/documents/perf_ fund_ task_ force/THEC%20PF%202010-15%20Guidebook. pdf

度报告将被公开，与拨款公式计算的结果一起，构成较为统一的问责体系，服务于田纳西州的总体规划。

新的绩效指标体系还体现出了对教育质量、效果、效率和教育公平的追求。绩效指标的选择体现了评价的目的和政策导向。田纳西州的绩效评价指标从一开始就随着周期的推移和环境的改变而不断改进，根据政府、院校、学生、家长、商业人士的需求不断调整。[①] 虽然该州绩效评价指标在数量上经历了由简到繁，又由繁到简的过程，具体指标的权重也有所调整，但其总的导向仍然是关注州政府的相关政策目标。评价指标在内容上越来越重视教育效果和学生的学习结果，强调教育公平和效率。在具体数据的采集上则主要是利用已有的考试或认证结果。

2010—2015 年的绩效拨款政策明确指出，要以质量保障为导向。对各公立高校的具体评价指标包括学科专业评估和认证的结果、学生在通识教育和主修专业领域的测验中的分数、学生的满意度调查结果、用人单位满意度调查结果，以及各校组织实施绩效评价的情况。对于两年制学院而言，评价指标中还包括学生的就业情况。田纳西州新一轮的绩效资助政策新增加了“学生入学质量及取得的成功”这一指标，并赋予其 25% 的权重，在一定程度上体现了该州对教育公平的追求。

新的绩校评价体系依然遵循了分类评价的原则。首先，田纳西州的绩效评价主要是针对本州的公立高校，而非所有高校。其次，在评价过程中，将公立高校区分为大学和两年制学院两大类，通过指标和权重的不同来体现学校之间的差异。

在田纳西州的公立高校绩效评价中，四年制大学和两年制学院共享一些核心指标，分别是“通识教育测评（15%）”“专业领域测评（15%）”“满意度调查（10%）”“评估实施情况（10%）”“学生入学质量及取得的成功（25%）”。此外，为了体现出四年制大学与两年制学院的差异，田纳西州高等教育委员会专门针对两年制学院设置了“就业率”这一指标，其

① 郑晓凤. 美国高等教育绩效拨款特征——以田纳西州为例［J］. 中国高等教育评估，2006（2）：43 -46.

权重为10%，而对于四年制大学，该指标的权重则为0，这主要是为了激励社区学院继续改进其职业教育类毕业生的就业安置情况。与此同时，为了强调四年制大学的学术性，同时激励其提高学术水平，田纳西州高等教育委员会规定"学科专业质量"这一指标在这类学校所占权重为25%，在两年制学院则为15%。①

在分类评价过程中，田纳西州高等教育委员会规定，社区学院的每个主要的职业领域都须根据毕业生的就业率接受评价。与大学相当的、专业性职业（professional）学习以及学术性证书项目的就业率则不必接受评估。

3. 绩效评价的数据来源

如同其他诸多类型的评价一样，绩效评价所依赖的数据之可获得性、真实性、可靠性一直是一个难题。田纳西州高等教育委员会的对策是，有效借助外力获得评价数据和评价依据，从而增加评价结果的客观性，同时减轻了高校提交数据的负担，避免对高校的办学活动造成过多干扰。田纳西州高等教育委员会的绩效评价较为广泛地利用了美国一些广为认可的考试评价机构或专业认证机构的测试结果，这样，高校就不必为了迎接各级各类的评估和认证而疲于应付。

例如，在衡量高校的"通识教育"这一指标时，田纳西州高等教育委员会要求各校必须在"加利福尼亚批判性思维技能测试"（California Critical Thinking Skills Test，CCTST）、大学基本学术性学科测验（College Basic Academic Subjects Examination，College BASE）、大学学术能力评估（Collegiate Assessment of Academic Proficiency，CAAP），或者美国教育考试服务中心（Educational Testing Service，ETS）的能力测试中选择一项，让不少于400名学生参加测试，并将本校学生的测验结果与全国的平均成绩做比较。在"学术性系科专业质量"这一指标上，主要衡量依据是学校通过的各类专业认证机构认证的专业所占比例。"满意度调查"这一指标则包括在校生的满意度调查、校友满意度调查和用人单位满意度调查。其中，对在校

---

① Tennessee Higher Education Commission. 2010—2015 Performance Funding Quality Assurance [EB/OL]. http//tennessee.gov/moa/documents/perf_ fund_ task_ force/THEC%20PF%202010 - 15%20Guidebook.pdf，2011 - 04 - 24.

生的满意度调查结果主要是通过“全国学生学习投入情况调查”（National Survey of Student Engagement，NSSE）体现出来。两年制学院的在校生满意度调查则是通过“社区学院大学生学习投入情况调查”（Community College Survey of Student Engagement，CCSSE）来反映。

NSSE 在全美具有深远而广泛的影响力，很多高校都积极参加这一调查。高校可将参与 NSSE 调查的结果提交给不同的问责机构，作为评价依据。借助类似 NSSE 这样的专业调查结果作为评价依据，不仅大大减少了评价主体和评价对象的工作量，而且有助于保证评价结果的客观性和公正性，还有助于州政府对本州的公立高等教育情况与其他州进行比较。

4. 绩效评价的质量保障

田纳西州高等教育委员会主要通过三个途径来确保绩效评价工作质量，以保证评价结果的有效性。一是制定了周密的评价时间表；二是制定了严格的评审程序和相关规定，并且对各校参与评价活动过程中的表现进行评价打分；三是对绩效评价工作人员进行培训。

第一，周密规划评价过程。田纳西州公立高校绩效资助政策以五年为一个周期，在每一个周期内开展绩效评价的计划性非常强。例如，在 2010—2015 年的绩效评价周期，高校须在 2010 年就做好五年的整体规划，此后的每一年则重点围绕某一项指标开展评估，同时为下一年要开展的评估做好计划。田纳西州高等教育委员会规定各公立高校都须严格遵守评估日程安排。周密规划的评价过程，有助于分散高校应对评估的任务和压力，使之有条不紊地收集数据，为田纳西州高等教育委员会提供可靠的绩效评价证据提供了时间上的保障。

第二，严格规定评审程序和条件。田纳西州高等教育委员会规定学校所有项目调查者的回应率都不应低于 95%；学校必须分专业报告免予调查者的人数和就业率。院校参与评价活动的过程本身也要接受评价，评价结果占 10% 的权重。此举意在对院校评估过程的成熟度和有效度进行评价。在对“评估实施情况”进行评价时，高校须明确自己的目标、使用的评价方法及理由、计划开展评价或搜集证据和阐释证据的方式、值得借鉴的经验，高校还要回答该如何运用这些信息提高系科专业质量。

此外，田纳西州高等教育委员会还在评估周期开始之前的一年对绩效评价工作人员进行培训。这些评估工作人员都是由校长提名或由治理委员会的工作人员挑选出来的。培训的目的是为了确保评估人员在年度报告评审的过程中运用的标准一致。此外，院校在评估周期中，每年都要提交一份报告，就其在开展评估过程中的表现，接受同行评价打分。值得一提的是，从对评价结果的处理来看，田纳西州高等教育委员会还非常关注院校的改善程度、强调高校日后的改进策略，并将其改善情况纳入下一周期的评估过程中。由此也可看出田纳西州高等教育委员会对绩效评价质量的重视。

（二）大学进行的高校绩效评价

美国研究型大学绩效评价中心（Center for Measuring University Performance）是一个独立于政府的研究机构，专门对研究型大学的绩效表现进行研究和评价。自2000年以来，该中心每年出版一个年度系列研究报告《美国顶尖研究型大学报告》（The Top American Research Universities Report）。美国许多研究型大学将该排名作为基本参考资料，不仅用来了解全国研究型大学的变化趋势，还用于了解本校在全国的位置，以及本校的比较优势和劣势，甚至把它作为学校战略规划制定的主要参考文献。

1. 绩效评价对象

《美国顶尖研究型大学报告》通过一些数据和分析，帮助人们了解美国研究型大学的绩效表现。中心根据九大特征将大学分为不同的组。该中心所定义的“顶尖研究型大学”指的是，向国家科学基金会（NSF）报告拥有联邦研究经费在4000万美元及以上的大学，以及在九项指标中至少有一项位于前25名的大学。这九项指标分别是研究经费总量、联邦资助经费、捐赠基金资产、年度接受的捐赠、院士人数、教师获得的奖励、授予的博士学位数、在岗博士后数量、SAT的中位数。《美国顶尖研究型大学报告》提供的一套综合数据，涵盖了美国600多所院校，有时还会对研究型大学的绩效表现问题展开分析和讨论。

2. 绩效评价指标

美国研究型大学绩效评价中心2008年年度报告中使用的5类共计9项指标分别如下：研究经费（含研究经费总量和联邦政府资助经费）、私人资助（含学校捐赠基金和学校获得的年度捐赠）、教师质量（含三大国家学院院士数和教授获奖数）、高级训练（含授予的博士学位数和博士后人数）、本科新生质量（SAT 成绩或 ACT 成绩），见表 1－3。

表 1－3　美国研究型大学绩效评价研究中心的绩效评价指标①

类　别	指　标	数据来源
研究经费	研究经费总量	国家科学基金会
	联邦资助经费	
私人资助	学校捐赠基金	资助教育审议会志愿资助教育年度普查
	学校获得的年度捐赠	
教师质量	三大国家学院院士数	各相应机构
	教授获奖数	
高级训练	每年授予的博士学位数	教育部中学后年度普查（IPEDS）
	在岗的博士后人数	国家科学基金会
本科新生质量	SAT 成绩或 ACT 成绩	IPEDS

该中心评估的重点是研究，因为他们认为研究型大学的主要工作是研究，这主要从研究经费、教师质量和研究生数量三个方面进行评估。此外，私人捐赠对了解研究型大学也很重要。私人捐赠既能反映学校的经济实力，也可体现学校的社会信誉。最后是本科新生入学质量。几乎每所研究型大学都会花巨资争取优秀本科新生，因为这对学校的本科教育质量至关重要。

学校总的研究经费反映的是一个学校学术研究的规模；联邦研究经费是高度竞争性的，反映的是学校研究的竞争力。这两个指标共同反映了学校在经费方面的规模和竞争力。数据都可以直接从国家自然科学基金会处获得。但是国家自然科学基金会的数据只包括科学与工程领域的研究，不包括其他方面如教育、新闻、法律、工商管理、艺术等人文社会科学方面的研究。

① 本表根据美国研究型大学研究中心网站上提供的资料制作而成，详见 http：//mup. asu. edu.

学校教师在国家科学院（National Acadamy of Sciences，NAS）、国家工程学院（National Acadamy of Engineering，NAE）以及国家医学科学院（The Institute of Medicine，IOM）这三大组织中的成员的数量反映的是教师质量。这三个机构的成员是高度选择性的，并且享有很高的荣誉和地位。成员身份是对研究人员的终身学术成就的认可，这个身份会给学校带来很大的荣誉。教师获全国奖（有二十多种）如普利策奖的数量，反映的是学校教师群体当下的杰出程度。由于这类奖项覆盖了所有学科，可以显示出学校在这些学科的杰出程度，因此该指标还可以弥补研究经费中不包括人文社会科学经费的不足。这个评估体系没有考虑学校的教师数量，无论是全日制教师还是终身职教师。主要理由是这类数据没有统一口径，也没有明确的职责划分。

另一个对学校研究力量有重大影响的是学校的博士生和博士后研究人员的数量。博士生人数用学校当年授予的博士学位数来表示。研究经费、教师质量和研究生这三类指标反映的是学校的研究能力，私人资助和本科新生质量这两项指标反映的是学校得到的社会支持和学生质量。

私人捐助在美国高校运行中至关重要。私立高校中大约1/3的经费来自私人捐赠。1980年以后政府经费减少，公立高校也开始大规模争取私人捐赠。但在总体上，私立高校在这个方面有更大的优势。因为美国传统上认为，公立高校由政府资助，因此私立高校更加需要私人捐赠的帮助。私人捐赠包括两个指标：一个是学校私人捐赠基金的总量。这个指标反映的是长期以来学校积累的私人基金规模。这个基金通常用于投资，投资收入用来补贴学校运行，如教师工资等，因此对学校的财政状况有一定影响。另一个指标是学校当年获得的捐赠收入，反映的是当下的捐赠收入情况。私人捐赠收入不仅对学校财务有影响，更重要的是它反映了社会，尤其是校友对学校的支持程度。

最后一个是用于反映新生质量的指标SAT。美国有两类入学考试：ACT和SAT。但是参加SAT的人数比ACT多，因此各高校通常是用本校新生的SAT中间值作为本校新生入学质量的标志。“中心排名”也采用了这个指标，这个指标越高，说明新生的学术准备越好。①

总体来看，研究型大学绩效评价中心研究的只是美国顶级研究型大学，这对绩效指标体系设计有很大影响。该中心排名的指标体系比较简单，所有数据都是公开的，有比较可靠的来源。与颁发的学位、发表的论文、获得的奖励等产出要素相比，研究型大学绩效评价中心更关注投入类要素，如经费、教师、学生入学质量等办学所需资源。

三、英国高校绩效评价的实施

20 世纪 70 年代末以来，英国经济陷入空前危机，管理主义风行，追求“经济、效率和效益”的管理改革席卷整个公共部门，知识创新和知识生产成为提升国家综合国力和竞争力的一种主导性因素。在这种背景下，英国政府认为，既然大学有使用公共资金的权利，那么必须要履行好相应的责任和义务，这也是保证大学自治得以维持的唯一办法。为此，英国政府开始对高等学校进行问责和评价。由于英国的大学自治和学术自由的传统根深蒂固，英国政府对高等教育系统的控制主要是通过高等教育的拨款机构以及后来的质量保证署（Quality Assurance Agency，QAA）和高等教育统计局②（Higher Education Statistics Agency，HESA）等组织实现的。③

为促使高校提高效率、保持或提升质量，英国政府通过一些政策和各种评价措施对高校进行绩效评价，如绩效报告、科研评价和教学评价等。

---

① 参见 LOMBARDI，J. V.，CRAIGE，D. D.，CAPALDI，E. D. and GATER，D. S.. The myth of Number One：Indicators of Research University Performance，2000；CRAIGE，D. D.. Top American Research Universities：An Overview，2002. LOMBARDI，J. V.，CAPALDI，E. D.，REEVES，K. R. and GATER，D. S.. Measuring and Improving Research Universities：The Center at five years，2004. http//mup. asu. edu.

② 高等教育统计局是根据 1991 年《高等教育白皮书》和《1992 年继续和高等教育法》的相关要求，并经政府有关部门、各地区高等教育基金委员会及各大学和学院的同意于 1993 年成立的。该机构是负责收集、分析和公布高等教育数量化信息的正式机构。1995 年高等教育统计局正式取代此前的大学统计档案局（USR）。参见 Higher Education Statistics Agency. Overview. http：//www. hesa. ac. uk/content/view/4/54/

③ J. 布伦南，T. 夏赫. 英国的高等教育政策［A］. 刘力，译. //弗兰斯 · F. 范富格特. 国际高等教育政策比较研究［M］. 王承绪，等，译. 杭州：浙江教育出版社，2001：364.

（一）高等教育统计局发布的绩效报告

英国高等教育绩效报告主要经历了三个发展阶段：第一个阶段是从1985—1995 年，由大学校长委员会和大学拨款委员会主导在大学部门展开对该问题的探讨、研究和实践；第二个阶段，由于《1992 年继续和高等教育法》的颁布实施，英国多科技术学院升格为大学，英国高等教育系统结构发生变化，因此，从 1997—2003 年，由英格兰高等教育基金委员会（Higher Education Funding Council for England，HEFCE）等机构开始接管年度绩效报告工作，绩效报告的应用范围也由此扩展到整个高等教育系统；第三个阶段是 2003 年至今，高等教育统计局成为年度绩效报告工作新的主管机构并使其得到了进一步的发展。

1. 绩效报告的目的

绩效报告的核心内容是绩效指标。1984 年的《贾勒特报告》和随后教育与科学部发布的绿皮书《20 世纪 90 年代高等教育的发展》，都表明英国高等教育绩效报告的目的之一是，通过绩效信息的公开和比较来促进资源的合理配置和有效使用。① 在此基础上，20 世纪 90 年代后期，英格兰高等教育基金委员会在其文件中再次对制定绩效指标和公布绩效信息的目的做出完整的表述：（1）提供有关英国高等教育部门绩效和品质的更好、更可靠的信息；（2）使高校间进行比较；（3）使高校能够据此来衡量其绩效表现；（4）为政策发展提供参考；（5）促进高等教育部门实现其公共绩效责任。②

2. 绩效指标体系

绩效指标体系是绩效报告的核心，在绩效报告的不同发展阶段表现出不同的特点。

在第一个阶段，主要是《大学管理统计与绩效指标》中的绩效指标体系。1985 年，大学校长委员会和大学拨款委员会成立“绩效指标联合工作

① CVCP. Report of the Steering Committee for Efficiency Studies in the Universities [R]. London: CVCP, 1985: 22, 36.

② HEFCE. Performance Indicators in Higher Education: Overview [R]. Reference HEFCE 99/66. Bristol: HEFCE, 1999: 1.

组”展开绩效报告指标体系的研究工作，并在 1987 年提出初步方案。1988 年，绩效指标联合指导组针对绩效指标体系设计上欠缺的一些问题，对绩效指标进行了一些改进和完善（表 1 – 4）。这套指标体系一直延续到 1995 年。

表 1 – 4　1988 年版《大学管理统计与绩效指标》中的绩效指标体系①

序号	绩效指标	使用范围		
		成本中心	院校	学科组
	表 1			
1	全日制学生的生均开支	*		
2	全职教师的人均开支	*		
3	全职教师辅助人员的人均开支	*		
4	全职教师设备设施的人均开支	*		
5	全职教师的人均科研收入	*		
	表 2			
6	研究型研究生占全日制学生的比例	*		
7	教学型研究生占全日制学生的比例	*		
8	所有研究生占全日制学生的比例	*		
9a	全日制学生与全职教师的比例	*		
	表 2a			
9a	全日制学生与全职教师的比例			
	（时间范围：1984/85—1986/87）			
	表 3			
10	学校行政开支占整个开支的比例		*	

① DOCHY，F.，MEGERS，M. and WIJNEN，W. Management Information and Performance Indicators in Higher Education：An International Issue. Assen/ Maastricht：Van Gorcum，1990：16 – 17.

续表

序号	绩效指标	使用范围		
		成本中心	院校	学科组
11	学校行政人员工资开支占学校行政开支比例		*	
12	全日制学生的生均学校行政开支		*	
13	全职教师的人均学校行政开支		*	
	表 4			
14	图书馆开支占整个开支的比例		*	
15	出版物开支占图书馆开支的比例		*	
16	员工工资开支占图书馆开支的比例		*	
17	全日制学生的生均图书馆开支		*	
18	全职教师的人均图书馆开支		*	
19	全日制学生的生均图书开支		*	
20	全日制学生的生均期刊开支		*	
	表 5			
21	计算机服务开支占整个开支的比例		*	
22	计算机服务人员开支占计算机服务开支比例		*	
23	全日制学生的生均计算机服务开支		*	
24	全职教师的人均计算机服务开支		*	
	表 6			
25	整个预计开支占整个一般性开支的比例		*	
26	预计工资开支占整个预计开支的比例		*	
27	取暖、水、电开支占整个一般性开支的比例		*	
28	卫生、保安服务开支占整个一般性开支的比例		*	
29	设备维修、维护开支占整个一般性开支的比例		*	
30	电话开支占整个一般性开支的比例		*	
31	全日制学生的生均整个预计开支		*	
32	全日制学生的生均预计工资开支		*	

续表

序号	绩效指标	使用范围		
		成本中心	院校	学科组
33	全日制学生的生均取暖、水、电开支		*	
34	全日制学生的生均卫生、保安开支		*	
35	全日制学生的生均设备维修、维护开支		*	
36	全日制学生的生均电话开支		*	
	表 7			
37	全日制学生的生均职业指导开支		*	
38	全日制学生的生均学生会和社团活动开支		*	
	表 8			
39	本科毕业生 6 个月后的就业情况		*	
	表 9			
40	已知去向的毕业生数		*	*
41	没就业或短期没就业的毕业生数		*	*
42	第 41 项预期的数目		*	*
43	第 42 项和第 41 项数字的差额		*	*
44	差额的百分比		*	*
	表 9a			
44a	本科毕业生就业与未就业的比例		*	
	表 10			
45	成功完成学业的毕业生数		*	
46	完成学业者的百分比	*	*	
47	修课的时间长度	*	*	
48	成功完成学业者的学期平均出席率	*	*	
49	课程占整个学制时间的比例	*	*	
	表 11			
50	入学资格：中学高级水平考试（A Level）人数	*	*	

续表

序号	绩效指标	使用范围		
		成本中心	院校	学科组
51	入学资格：中学高级水平考试（A Level）分数	*	*	
52	入学资格：苏格兰高中证书人数	*	*	
53	入学资格：苏格兰高中证书分数	*	*	
54	入学资格：其他入学资格	*	*	

进入第二阶段之后，随着英国高等教育系统的变革以及政策调整，英国高等教育绩效指标体系也发生了重大变化。1999 年 2 月，绩效指标指导工作组发表《高等教育绩效指标：绩效指标指导工作组的第一份报告》，设计出了一套新的指标体系。与以往相比，高校日常管理方面的指标数量大幅减少，但却比较全面地考虑到了高校在教学、科研和社会服务方面的因素，同时也涉及高等教育的投入、过程和产出方面的要素。同年 5 月，这份新的指标体系在征求高校意见之后，被进一步简化，其中社会服务部分的指标被取消。修改后的指标体系主要涉及弱势群体入学、学生辍学与复学、学生学业成果与学习效率以及科研成果等几个方面。1999 年底，这一新的指标体系投入使用，并延续至今。以下是 2012 年发布的 2010—2011 年绩效报告使用的绩效指标体系（表 1 – 5）。

表 1 – 5　2010—2011 年绩效指标体系①

序号	绩效指标
T1	弱势群体入学指标（全日制青年高等教育入学情况）
T2	弱势群体入学指标（全日制成人和所有非全日制学生入学情况）
T3	入学一年后的辍学率
T4	辍学一年后的复读率

① HEFCE. Performance Indicators in Higher Education in UK [EB/OL]. http://www.hesa.ac.uk/index.php? option = com_ content&task = view&id = 2072&Itemid = 141. 2013 – 01 – 30.

续表

序号	绩效指标
T5	预期的学业成果和学习效率
T6	非全日制学生的模块课程完成率①
T7	获得残疾补助金的学生入学情况②
E1	毕业生就业指标②
R1	科研成果（主要考察研究成果的数量，与RAE对研究质量的评估有所不同）

注：① 该指标于1998/1999年增加，仅适用于威尔士的院校。
② 这两项指标于2000/2002年增加。

3. 绩效报告内容

绩效指标体系确立后，相关数据和信息的收集、整理和分析由专门的机构来进行。在1987—1995年，这项工作由大学统计档案局来承担。1995年后，新成立的高等教育统计局取代大学统计档案局开始履行这项职责。高等教育统计局是一个私立的有限责任公司，它通过与政府各部门达成协议向其提供所需的数据资料，而它的运作资金来源于全英国各大学和学院缴纳的费用。

1987年秋，大学校长委员会推出了第一份年度绩效报告，并将其命名为《大学管理统计与绩效指标》。报告主要采取表格的形式，按照指标的顺序将每所大学的数据逐一公布出来。截至1995年，大学校长委员会共出版9份年度报告。1996—2003年的年度绩效报告由英格兰高等教育基金委员会发布。报告通常分为三个部分：第一部分会对报告的背景、目的、所包含的绩效指标以及指标的运用等问题进行简单的叙述；第二部分则是由各项指标的表格和数据组成；第三部分为附录，主要对各项指标做出定义并就基准等技术性问题做出说明。同时，报告的全部内容和数据也会在其官方网站上发布。2003年以后，高等教育统计局也基本上延续使用了这样的方法。

（二）质量保证署开展的教学评价

1993—2001年，英格兰和北爱尔兰的高等教育领域进行了历时9年总共7轮的教学质量评价。① 教学质量评价在发展过程中三易其名：1993年的开始阶段被称为“教学质量评价”，1995年起改称为“质量评价”，1998年以后又改称为“学科评价”。② 期间，教学评价主管机构也发生了变化。1998年以前主要是由各高等教育基金委员会下属的质量评价委员会负责，1998年后随着统一的高等教育质量保证署的成立，高等教育基金委员会与之签订协议将教学评价的工作移交给质量保证署来进行。

1. 教学评价目的

开展教学评价的直接原因在于《1992年继续和高等教育法》中关于教育质量的有关规定。该法第70条要求：“各基金委员会应确保对高校教育质量的评价做出安排，以便根据本法本部分的规定为高校开展或打算开展的活动提供财政支持。”该法颁布实施不久，英国教育大臣便致信给英格兰高教基金会的主席，就实施教学评价提出指导意见。教育大臣在信中指出：“高教基金会尤其应确保将评价的结果以某种形式应用于经费分配。访问报告要公开发布。高教基金会要确保高校重视报告中发现的严重问题并监督高校的改进情况。”③

1994年12月英格兰高教基金会在第39号公函（C 39/94）《1995年4月后的质量评价方法》将教学评价的目的调整为：（1）保证公共投资的价值，即确保接受英格兰高等教育基金会拨款的所有教育都具有令人满意的或更优秀的质量，并确保低质量的情况得到及时的纠正；将质量评价结果用于拨款；（2）鼓励通过发布评价报告和学科评价报告以及交流最佳实践来提升教育质量；（3）通过发布报告，为高教基金会根据教育质量情况拨款，提供有效的、可获得的公开信息。④ 此后，这种目的陈述得到固定，没有再做修改。1997年质量保证署成立后，在其出版的《学科评价手册

---

① QAA. Learning from Subject Review 1993—2001. Gloucester: QAA, 2003: 55.

② 鉴于前后行文的一致性本文以“教学评价”来统称这几个称呼。

③ HEFCE. The Quality Assessment Method from April 1995. Circular 39/94. Bristol: HEFCE. December, 1994.

④ HEFCE. The Quality Assessment Method from April 1995. Circular 39/94. Bristol: HEFCE. December 1994.

(1998年5月至2000年10月)》① 以及《学科评价手册(2000年10月至2001年12月)》② 中一直得到沿用。

2. 教学评价指标体系

如表1-6所示，教学评价的指标体系共包含有六项主要内容：课程设计与组织、教学/学习与评价、学生学业进展及成绩、学生支持与指导、学习资源、质量保证与提升。按照英格兰高教基金会的说法，上述指标及其包含的具体意义并不是教学评价的全部内容，也并非强制性内容，而是设定了评价中可能会涉及的一些主要问题。除上述内容外，高校各学科在评价中还可囊括其他比较突出的方面，以对其教学质量做出准确的描述和评价。

表1-6 教学评价的六项指标及其指示意义③

指　标	主要内容	与其他方面的关联
课程设计、内容与组织	• 课程内容与结构(幅度、深度、一致性及组织安排)；学习方式；层次(文凭证书、本科生、研究生) • 预期的教学和学习结果 • 发展机会： – 进入研究生阶段学习 – 学生个人的继续发展 – 形成专业技能 – 就业	• 学科的目的与目标 • 教师及教学辅助人员 • 教师的专业研究领域 • 教师的研究、学术和咨询服务活动 • 学生情况 • 教学、学习与评价策略 • 其他学科领域(包括跨学科和多学科项目等) • 学生学业成绩 • 工作世界 • 质量保证

① QAA. Subject Review Handbook (October 1998 - September 2000). Gloucester: QAA, 1997: 2.

② QAA. Subject Review Handbook - England and N. Ireland (September 2000 - December 2001). Gloucester: QAA, 2000: 2.

③ HEFCE. The Quality Assessment Method from April 1995. Circular 39/94. Bristol: HEFCE. December 1994.

续表

指　标	主要内容	与其他方面的关联
教学、学习与评价	• 教学、学习与评价的策略与方法 • 教学与学习活动的结构和培训项目安排 • 下列事项的机会与评价： — 知识的发展 — 理解和智力能力的发展 — 学科专业技能的发展 — 一般迁移能力的发展 — 独立学习能力的发展 — 学习态度、价值和动机的发展	• 学科的目的与目标 • 课程 • 学生情况 • 教师及教师发展项目 • 教学辅助人员资源 • 质量保证 • 学生学业成绩 • 教师的研究、学术和咨询服务活动
学生学业进展及学业成绩	• 对学生每年的学业进展情况以及完成或未完成培养计划的检查 • 授予学位学历的情况	• 学科的目的与目标 • 课程 • 教学、学习与评价项目 • 学生情况 • 学科专业技能、一般迁移技能和智力能力 • 学生出路—就业、深造及其他方面 • 质量保证
学生支持与指导	• 支持与指导的总体策略 • 学生入学安排 • 学术辅导支持 • 补救性支持 • 生活和福利支持 • 就业信息与指导	• 学科的目的与目标 • 课程 • 学生情况 • 教学与学习策略 • 学生实习、就业 • 学生的需求 • 师生关系 • 教师发展

续表

指　标	主要内容	与其他方面的关联
学习资源	• 学习资源的总体策略 • 图书馆 • 仪器设备 • 信息技术 • 教学和社团活动场所 • 技术支持人员	• 学科的目的与目标 • 课程 • 学生情况 • 教学、学习与评价策略 • 学业进展与学业成绩
质量保证与提升	• 高等教育质量委员会的审计 • 学科层面的内部质量保证 • 与教学和学习相关的教师发展 • 教学技能评价 • 教师资格的比较 • 学生学习的效果	• 学科的目的与目标 • 课程 • 学生情况 • 学业进展与学业成绩 • 未来计划 • 成效检测与指标

3. 教学评价结果运用

按照最初的设计，各高校在教学评价中的得分与财政拨款有着密切的联系。但实际上，由于各高校在教学评价上的得分普遍较高且区分度不大，这使得分数在很大程度上失去了对拨款的意义。在整个质量评价过程中，英格兰高等教育基金委员会并没有在评价结果与拨款之间建立起直接联系，直到 1999 年启动竞争性的“教学质量促进基金”时，才将教学评价作为鼓励质量改进的措施之一与拨款建立起间接的联系。①

四、国外实施高校绩效评价的特点

概括英美两国的高等学校绩效评价实施情况，高校绩效评价有如下两个特点值得参考。

第一，开展高校绩效评价是共同趋势，但做法可以不一。可以说，不同国家的高等学校绩效评价在很大程度上有着共同的理论基础和时代背

① HEFCE. Learning and Teaching: Strategy and Funding. Report 26/99. Bristol: HEFCE, 1999.

景，但是在具体评价方法和技术上却存在着很大的差异。首先，不同国家使用的绩效指标既有共性，也存在着社会经济和文化背景的差异，而且绩效指标是不断调整和发展变化的，这种调整和变化也体现了不同国家或地区对绩效评价的重视程度的差异。其次，不同国家开展高校绩效评价的主体等侧重点不一。有政府主导的绩效评价，也有社会主导的绩效评价，还有院校自己主导的绩效评价；从评价对象和范围来看，可以是针对公立高校的绩效评价，也可以是针对某一种类型高校的绩效评价，如对研究型大学的绩效评价；从评价内容来看，有针对高校整体绩效的评价，也有针对某一项内容的绩效评价，如对高校的教学评价。

第二，开展高校绩效评价需要共同关注的问题。一是绩效指标和财政资助及其他资源配置之间的关系问题。对高等教育质量和效率及效益等问题的日益重视，以及将绩效评价的结果与资源配置挂钩，已经成为一种趋势。二是高校的参与及积极配合问题。不论是政府主导的绩效评价还是中介机构主导的绩效评价，都需要评价对象——高校的积极参与和密切配合，高校应在既定的组织和系统目标下进行中长期规划，并根据评价结果进行自我改善。三是对绩效指标及数据的维护问题。需要建立较为完备的信息管理系统来维护，不仅便于数据的采集，也有利于进行院校间的比较。四是评价指标的完善问题。从国际上看，科研、财政等分领域的绩效评价指标相对比较成熟，但是关于教学和公共服务的绩效指标仍有待改进，而且，对高校进行总体评价的绩效指标体系也还在探索过程中。总之，采用哪些绩效指标，使用怎样的绩效评价方法和资源配置形式更符合高等教育发展规律，仍然是世界各国不断探索的绩效评价难题之一。

第二章

高校绩效评价的理论

实施高校绩效评价既是社会经济水平发展到一定阶段的现实需求，也是相应理论或技术的推动。严格意义而言，高校绩效评价的理论本身还不够成熟，但仍可概括出它的理论依据、基本思想和运行方法。

第一节　高校绩效评价的理论依据

高等学校绩效评价主要是伴随新公共管理运动发展起来的，其思想和技术深受新公共管理理论的影响。同时，由于高等学校有别于政府组织及其他公共组织，高等学校绩效评价又深受知识生产新模式以及增值评价理念的影响。

一、新公共管理理论

产生于20世纪70年代后期的新公共管理理论，主张提高政府效率缩减开支，倡导为顾客服务及顾客导向的理念，旨在通过实行一系列绩效评价制度，将政府角色从管理者转变为公共服务的提供者，从而带动了政府以绩效问责为手段的新治理模式盛行。这种以绩效问责为基础的政府再造模式对发达国家实施高等教育绩效管理产生了极大的影响。

（一）新公共管理的兴起

新公共管理在20世纪末兴起有其深刻的历史背景。首先，当时的经济危机导致西方各国财政赤字居高不下，公共开支不堪重负，直接引发了政府改革。理论而言，解决财政赤字有三种办法：一是压缩公共支出；二是增加政府收入尤其是税收；三是通过提高公共资源配置效率来解决政府收支失衡。显然，第三种方法虽然有一定难度但却可以更加稳定与持久。其次，为了在经济全球化冲击下使政府机构能够更迅速、精确地应对瞬息万变的国际形势，保持国际竞争力，必须对公共部门进行制度革新，这是新公共管理得以开展的强有力推动因素。最后，信息技术革命为新公共管理运动提供了技术基础，使其由理论变为现实成为可能。信息技术有效提高了信息传导的效率和质量，打破了长期以来政府对公共信息的垄断，为公民参与公共决策提供了技术支持。于是，这场被看作“重塑政府”、“再造公共部门”的新公共管理运动，在英国、美国、澳大利亚等国开始兴起，并逐步扩展到其他西方国家，演变成一场世界潮流。至此，人们对公共权力的行使有了新的认识，公共权力的行使应当具有经济性、效率性、有效性，权力行使的无过错并不等于权力行使符合人们的愿望，因而，对公共权力问责的意识日渐强烈。

新公共管理理论的基本内容是建立在经济学和私营部门管理理论的基础之上。经济学主张经济理性主义，要求公共部门要用经济的思维方法思考并制定公共政策。私营部门由于处于快速变化的环境中，因而具有更大的弹性回应外部环境的变化。外部环境的迅速变化要求公共部门也要像私营部门那样，转变固化形式，以更适合快速变化的环境。同时，私营部门注重结果和产出的导向，以及一些实际成功使用的管理技术和手段如全面质量管理、绩效管理、目标管理等在公共部门中也是适用的。胡德（Hood）在1991年的一篇论文中首先提出“新公共管理”一词，并将新公共管理基本内容概括为七点：（1）公共部门授权给专业者管理；（2）绩效评价；（3）重视产出控制；（4）对行政单位进行分权；（5）运用竞争机制；（6）引入私营部门的管理方式；（7）在资源利用上强调克制与节约。① 绩效管理发展过程中的侧重点也在不断变化，从关注降低运营成本、节省公共开支到关注效率，即投入与产出的比率或运作绩效，再到重视社会效果等。综合国内外其他相关研究成果，可以将新公共管理的基本观点大致归纳为以下几个方面。

第一，公共部门和私营部门在管理上没有本质区别，私营部门应对复杂市场经济形势的管理技术方法要比公共部门优越得多，应该多借用私营部门管理的理论、模式、原则、方法和技术塑造政府，提高公共部门的工作效率和管理水平。

第二，经济学中的资源稀缺、效率等原则要求公共部门必须重视资源合理优化配置，注重成本—收益分析。公共部门必须采取必要措施，在实现管理目标的过程中尽可能合理使用资源，避免浪费。

第三，强调顾客导向。以顾客为尊，追求顾客满意是企业管理和获得竞争优势的基本准则。作为公共产品提供者的政府也必须重视其使用者——公民的满意度，树立“顾客至上”的理念。最典型的例子是美国1993年颁布的《政府绩效与结果法案》，要求联邦部门普遍实施顾客满意度调查，提高公共部门服务水平。

第四，建立绩效评价制度。顾客导向的政府服务理念要求政府要及时回应民众的问责。问责不是为了公共部门的决策提供政策咨询，而是评估公共部门的工作是否实现了预期的结果。实行绩效评价的目的是为了克服传统政府管理模式的三个弱点：一是缺乏整体目标和方向；二是政府不同部门缺乏提升部门凝聚力的协调机制；三是无法获知政府人员谁在做什么，有什么效果，花了多大代价等。绩效被广泛应用于政府管理中用以全面反映和评价政府组织的表现。

（二）新公共管理理论与高校绩效评价

高等教育在很大程度上是受公共财政支持的，在新公共管理思想的牵引下高校必须回答政府资金是否发挥了最大的使用效能等问题，接受公众

① HOOD, C. A Public Management for All Seasons [J]. Public Administration, 1991, 69: 4~5.

和政府对高校“绩效责任”的问责，并努力提高自身竞争力。

1. 凸显高等学校的公共服务性质

“二战”后，欧美各国都曾在“人力资本”、“高等教育机会均等”等理论影响下，大幅扩大高等教育规模，政府对高等教育经费的投入也随之不断增加。20 世纪 70 年代的全球经济危机中断了政府继续将大量经费投入高等教育的可能性，同时引发政府和社会各界讨论增加高等教育经费的“合法性”，人们怀疑将大量的公共经费投入高等教育是否真的带来了相应的“机会均等”、“经济增长”和“社会发展”。公众和政府开始要求高校“为经济发展需要负起责任”，要求通过评价高校办学效率来检验公共资源的投入是否“物有所值”。① 因此，正在推动各国政府进行“政府再造”的新公共管理理论进入到高等教育领域，用以检视高校办学效率效益，促使高校进行变革。

2. 强化高等学校的绩效责任

对绩效责任的强调主要是建立在这样一种判断基础上，即高等学校（尤其是古典大学）对学生、对政府、对广大公众所负的责任不够。当然在高等教育经费充裕时代，国家作为高等教育经费主要支付者，这一问题并没有显现。但是，随着高等教育的大众化和普及化，加之经费紧缩，政府、社会、学生、家长和其他利益相关者越来越关心对大学的投资是否物有所值。对绩效责任的强调使政府对高校的管理发生了重大转折，由传统的注重过程管理转变为注重管理的结果和绩效，建立开放的责任体系，在向大学放权的同时，建立严格的问责制度，通过评价和绩效拨款建立市场运行规则。各国政府（尤其是以英国为代表）通过实施合同制的绩效拨款，并建立严格的质量评价体系，在大学与政府之间建立一种契约关系，取代之前的监护关系、行政关系，以契约的形式强制大学承担政府期望大学要承担的责任，促使学校提高科研、教学的效率、效益，促进市场机制在大学其他经费来源的配置上更完善地发挥作用。②

---

① 张民选．绩效指标体系为何盛行欧美澳［J］．高等教育研究，1996（5）：86－91.

② 许杰．对西方国家加强高等教育质量监控的政策分析——新公共管理理论的研究视角［J］．教育科学，2007（6）：81.

3. 强化高等学校的竞争意识

以美国为代表的许多发达国家隐藏在高等教育质量保障政策背后的是倾向提高院校的竞争。引入市场竞争因此“成为良好的管理的方法，健康的经济的条件和更好的教育的机遇”。[①] 提高竞争力就必须要提高效率。况且，经济危机下政府削减开支并导致高校资源短缺，更需要通过竞争机制来调配资源。就西方发达国家而言，对市场竞争诉求的原因在于高等教育体系中仍然存在不良的“马太效应”：拥有较大自治、自由权力的高等教育系统顶层部分在资源、声望和地位分配方面多能锦上添花，而对于一般性大学和学院来说，甚少雪中送炭。这种状况，既造成了院校待遇上的不公平，也不利于在普通大学与尖子大学之间开展有益的竞争。[②] 1988 年英国宣布废弃了“双重制”，并在此后的改革中明显地表现出了对市场机制的偏好。[③] 斯洛特（Slaughter）等认为，“这就是一种通过允许声誉较低的多科技术学院与大学之间展开公开竞争，从而降低大学太高成本的做法。借助院校之间的竞争，中学后教育部门就能够在降低、削减而不是提高大学的丰富资源基础，而又不为多科技术学院提供与大学一样多资源的情况下，为教育系统的扩张提供财政支持、满足日益增长的入学要求”。[④] 对大学进行质量评估，可以帮助大学树立竞争意识，进而提高办学效率。

4. 推动高等学校绩效评价的研究及相关政策制定

为了真正实现对高校绩效问责的目的，需要一个科学适用的评价工具来检验高校的质量和效益。有关高校绩效评价的研究也集中于绩效指标的研究。1992 年 3 月在美国院校商务协会（NACUBO）的杂志上就发表了一篇关于迈阿密大学“主要成就指标”的文章，1993 年，南部地区教育委员

---

① 弗兰斯·F. 范富格特主编. 国际高等教育政策比较研究［M］. 王承绪，等，译. 杭州：浙江教育出版社，2001：408.

② 许杰. 对西方国家加强高等教育质量监控的政策分析——新公共管理理论的研究视角［J］. 教育科学，2007（6）：80.

③ WILLIAMS，B. The Rise and Fall of Binary Systems in Two Countries and the Consequence for Universities［J］. Studies in Higher Education，1992，17（3）：281－293.

④ SLAUGHTER，S.，LESLIE，L. L. Academic Capitalism：Politics，Policies，and Entrepreneurial University［M］. Baltimore：The Johns Hopkins University Press，1997：43－50.

会也发布了题为《高等教育评估：SREB 各州的政策措施》的文章。1994 年有两篇重要的关于绩效指标的文章，一篇为博登（Borden）和班塔（Banta）的《应用绩效指标指导政策制定》，另一篇为盖瑟（Gaither）、内德维克（Nedwek）和尼尔（Neal）的《高等教育绩效指标的承诺与陷阱》。同年，美国国家教育委员会（ECS）发表了《高等教育问责的量化：关于州水平继续指标的初级应用》。1997 年，《作为问责和评估工具的绩效指标体系》发表，进一步促成了绩效评价研究的白热化。从这些研究可以看出，绩效指标被运用于质量检查、决策指导、问责工具、大学声望信息等，而且绩效评价逐渐成为州主要的高等教育政策工具。①

总之，新公共管理对西方各国高等教育产生了深刻影响，对高等教育实施绩效管理起着根本性的导向作用。在绩效管理发展过程中，其侧重点是不断发生变化的，从最初的关注降低公共部门的运营成本，节省公共开支到关注效率，即投入与产出的比率或运作绩效，然后又发展到重视行政产出所带来的社会效果，把质量和顾客放在首位，重视产品绩效（质量）和服务绩效（顾客满意）。从被评价的部门看，开展对公共部门的评价已经成为很多国家的经常性财政制度，我国还在起步阶段，很多部门和行业还都在试点阶段。

二、知识生产新模式

高等教育的逻辑起点是高深知识，高校绩效评价自然与高深知识密切相关。高深知识与一般知识的生产和传播有着显著不同。随着社会的发展，高深知识的生产模式也在不断地变化。

（一）知识生产模式的转变

知识可以大致划分为两个层次：一般性知识和高深知识。通常说来，普通教育机构传授的知识属于一般性知识，高深知识则是高等教育机构传授和研究的对象。高深知识的生产和传播与一般知识有着显著不同。随着社会的发展，高深知识的生产模式也在不断地变化，迈克尔·吉本斯等研

---

① 格威迪·博格．高等教育的质量与问责［M］．北京：北京师范大学出版社，2008：174.

究者将知识生产模式划分为“模式一”和“模式二”。

知识模式一是知识的契约式学科生产模式。此模式主要运行于18世纪至20世纪初期。知识生产是在传统的学科认知环境中进行，知识的积累主要是通过大学中被制度化的学术职业来实现的，任何知识的有效性也都是由一个确定的专家团体来认定。由于大学外的力量非常少，因此，在这种契约式学科知识生产模式中，专业化与专门化学科认知体系和科学实践系统，是大学的知识权力，甚至是大学与其他机构得以区分的重要标识。精英教育的培养体系本身就是高等学校高质量的体现或自证。高等教育的质量管理、评价和监控主要属于高等教育机构内部和个别社会组织的事，具有明显的内隐性。这个时候，外部介入高等教育领域的质量管理并未成为需求和必然。

可是，到了20世纪中期，高等学校已不再是社会边缘化的机构，甚至成为了社会的中心，在促进社会发展、提高国家竞争力方面发挥着重要的作用。大众社会对技术性、实用性知识的需求不仅使“服务”成为高等教育机构所承担的第三项职能，还引发了高等教育的两次变革①：第一次是以“机会平等”为主题的变革，第二次是以“和效率相连的能力提高”为主题的变革。在第一次变革中，高等教育大众化成为一种浪潮；在第二次变革中，大学通过提高人才培养质量推动了国家和地区的进步。这两次变革催生了知识生产新模式的产生。知识生产模式逐渐从传统的契约式学科矩阵中演化出来，形成了大众式的跨学科知识生产模式，即知识生产模式二。

知识模式二是知识的大众式跨学科生产模式。即知识是在一种跨学科的应用情境中生产，并以社会弥散体系为主要组织形式，呈现出非制度化、非等级性、多样化的特点。与知识生产模式一相比，在知识生产模式二中，知识的生产吸纳了范围更广、临时性更强、职业更为混杂的从业者；其生产行为和内容承担了更多社会责任并更具有反思性。在这种模式

① 克拉克·克尔．高等教育不能回避历史［M］．王承绪，译．杭州：浙江教育出版社，2001：49.

下，对知识的评价更依赖于特定的社会情境。① 这使得高等学校从最初的内隐自治式管理转变为有外部机构介入的合作式管理，外界对高校的知识生产、生产质量及运用具有了更多的参与权和评价权。

（二）知识生产新模式对高校绩效评价的推动与高校质量管理外部性

高等教育的发展过程可以看作是知识的生产逐渐从政治和宗教的权威中解放出来回归社会的过程。到20世纪中期，高等教育机构已不再是社会边缘化的机构。大众社会对技术性、实用性知识的需求迫使新的知识生产模式逐渐从传统的契约式学科矩阵中演化出来，形成了大众式的跨学科知识生产模式，促使高等教育质量管理的诉求发生了转变②。

高等教育大众化的不断深入使得原先只在一小部分人中交流的学科知识可以在社会中得以更为广泛地传播。越来越多的年轻人进入高等教育机构中学习和扩展自己的知识与专业技能。他们不仅了解了高等教育机构中知识的传递、保存和生产的方式，还能够对其做出评价。即便是高等教育机构内部的科学从业者之间的交流也不再仅仅局限在原来的具有等级特征的学科范围内，他们之间的流动性变得更强，横向的跨学科、跨国界之间的交流增多，这使得基础和应用、理论和实践不断交叉③。社会的、科学的、技术的和工业的知识生产更为细化。现在的知识市场——知识被需要和被使用的场所——比以往变得更加广阔和多元。高等教育机构和国家、社会、市场的关系变得更为密切，其所处的环境也不再是封闭的、自治的，而是开放的、互动的。高等教育机构必须在不断变化的知识、国家、社会和市场等环境中找准自己的位置。

（三）知识生产新模式与高校绩效评价

适应知识生产新模式的管理手段是绩效评价。绩效评价也可以确保高

---

① 迈克尔·吉本斯，等．知识生产的新模式［M］．陈洪捷，等，译．北京：北京大学出版社，2011.

② 迈克尔·吉本斯，等．知识生产的新模式［M］．陈洪捷，等，译．北京：北京大学出版社，2011.

③ 迈克尔·吉本斯，等．知识生产的新模式［M］．陈洪捷，等，译．北京：北京大学出版社，2011.

等教育机构在与其他机构在合作进行知识保存、传播、生产、使用等方面激发出更强的创新力和竞争力，进而帮助高等教育机构重新构建其与国家、社会和市场的关系。

1. 社会弥散式知识生产与高校合作式管理

知识生产形态从模式一向模式二的转变，意味着科学不再只是某些特殊机构的专属物，知识生产逐渐成为了一种社会弥散式的过程，知识生产新模式不仅在方法和技术上，而且在理论和模型上都从学术界向其他机构扩散。由此还引发出一种新的管理风格——社会弥散式知识管理。这种管理风格强调开放的知识生产过程，增强知识生产者边界间的渗透和中介制度的介入，高校的质量控制和管理变得更加依赖所处的环境和具体应用情境，也即更加依赖外部力量对知识生产及其质量、效益的作用甚或控制。于是，高等教育的质量管理诉求发生了转变，从最初的内隐自治式管理转变为有外部机构介入的合作式管理。

在精英阶段，高等教育机构的独特知识垄断地位保证了其自治和自由的特性，并确保高等教育机构可以也有能力按照自身的意愿和自己设定的目标为社会提供必要的知识、培养合格的人才。在这种相对封闭的高等教育阶段，质量管理问题并未凸显，绩效评价在高等教育中的实施没有任何必要性。但在社会弥散式知识管理时代，在高等教育大众化阶段，高等教育机构必须在课程设置、教学和科研等方面充分考虑“知识生产的新模式”以及高等教育面临的“知识经济”等问题，绩效评价的意义开始逐渐凸显。

2. 高校绩效评价与知识生产新模式的适应

20世纪后半期，国家、社会、市场与高等教育机构的关系发生了巨大的变化，这种变化促使新的知识生产模式逐渐成形。这种新的知识生产模式突破了传统象牙塔中的学科等级特性，更具有“反思性、跨学科性、多样性和情境实用性等特征”①。在精英高等教育阶段，高等教育机构中的科

---

① 迈克尔·吉本斯，等．知识生产的新模式［M］．陈洪捷，等，译．北京：北京大学出版社，2011：138－146.

研只承担了知识生产的职责，可以不顾及知识的使用和交换价值。在新的知识生产模式下，国家不再是高等教育机构知识生产的主要资助者。其他非高等教育机构也作为知识生产场所不断涌现。这样，多元化的知识投资、生产和消费主体对高等教育机构中科研经费的使用、科研产出的效能和效率就会提出自己的要求，各种各样的排行榜应运而生。一方面高等教育机构中的科研超出了科学技术研究的范畴，进一步拓展到研究和发展成果的应用以及科技服务；另一方面大学中的科研人员在面临着经济资助减少的情况下不得不与其他知识生产者展开对外部资助的竞争，从而为经济资助者提供更优质的产品。这样高等教育机构自身就不得不审视和调整自己的科研能力、科研水平和科研成果的产出，其原有的那种内部封闭式的科研评价方式不再适用。科研评价有了更广泛的内涵和外延，演变成为对知识生产和使用的绩效评价，其中实用性是知识生产和使用的基本条件，是科研资助的意义所在。从这个视角看，绩效评价在高等教育机构中的实施可以看作是高等教育适应知识生产模式变化的要求。

综上，高等教育质量管理逐渐从内部转向外部，并最终与外界达成某种程度上的一致——实施绩效评价。绩效评价可以确保高等教育机构在与其他机构进行知识保存、传播、生产、使用和人才培养以及资源竞争等方面焕发生机。绩效评价可以帮助高等教育机构重新构建其与国家、社会和市场的关系。

三、增值性评价理念

随着知识经济和全球化时代的到来，科学技术和人力资源成为社会经济发展和全球竞争的重要资源，越来越多的国家从发展战略的高度来看待教育。各国相继出台了增大财政投入、改革课程、提高师资队伍素质的教育改革措施。加强对学校绩效的评估则是各国在提高教育质量的过程中采取的主要质量保障机制，这也是各国反思 20 世纪 60 年代以来教育投入增加但学校效率却很低下的教训后采取的对策。由于各国越来越多地要求接受政府财政资助的教育部门针对教学改进和学生发展情况提供证据支持，因而，增值性评价（Value - added evaluation）在教育政策领域开始得到广泛的应用。

增值性评价几乎与绩效评价同时产生，两者可以互为理论依据和支撑。从高校绩效评价而言，增值性评价中的“增值”理念对高校绩效评价的“绩效”有重要的参考价值；在此，且将其作为一种理论依据来加以佐证式阐述。

（一）增值性评价的兴起

针对学校效能的增值性评价最早源自1966年的《科尔曼报告》（Coleman Report），即詹姆斯·科尔曼（James Coleman）向美国国会提交的《关于教育机会平等性的报告》。该报告引发了世界各国对学校效能的关注与争议，催生了基于学校效能的增值性评价理论及行动的出现。自20世纪70年代以来，对学校效能的增值性评价研究在世界范围内发展起来，并率先在美国得到充分应用。

20世纪50—60年代，西方主要国家的高等教育规模不断扩张，一些国家的高等教育在这一时期进入了大众化阶段。高等教育规模的不断扩张、教育水平的逐步提升、教育技术手段的持续更新和学生培养成本的日渐提高，促使高等教育对投入的需求大幅度增加。尽管各国都面临着国家预算日益紧缩与教育经费需求持续增长的矛盾，但高等教育投入经费的总额还是不断增加，高等教育经费在国家公共开支中所占的比重不断上升。与此同时，由于高等教育规模过快扩张，生均财政性教育经费呈下降趋势。因此，各国一方面积极探索提高高等教育经费使用效率的途径和措施，另一方面也推行了个人或家庭分担高等教育经费的政策。高等教育经费投入渠道的多元化促使政府、社会各界把对高等教育的关注重点集中到质量上，保障和提高质量成为提高经费利用效率的主要努力方向，而家庭分担高等教育成本也要求提高高等教育质量以保障其收益。为此，必须提高并显示高校的质量及其效能。

长期以来，基础教育质量问题，特别是薄弱学校问题一直困扰着美国。几乎每个州都存在相当数量的薄弱学校，它们的教育质量相对较差，造成了一系列的社会问题。而且，长期以来，美国基础教育财政体制是一种分权型体制，美国各州内学区间的贫富差距直接带来了提供给学生的教育经费和教育服务的质量差别。从 20 世纪 60 年代开始，伴随着州政府承担的经费比重的增加，州政府通过财政转移支付制度促进教育资源在学区间分配的均衡，以达到教育资源配置的公平和教育的均衡化发展。充足的教育财政投入是实现卓越且公平教育的必要条件，但并不是充分条件。1965 年美国国会通过的《中小学教育法案》是美国现代教育问责制的起点。该法案规定，联邦政府可以通过财政拨款的形式补助各地区中小学，对学生实施补偿教育，并规定凡接受补助的学区必须每年实施评估，把年度结果以报告形式递交上级政府。此后，随着 1970 年尼克松总统在《教育改革咨文》中对教育问责制的赞许，美国政府开始推行最低表现标准的“问责运动”，要求学校为学生的读、写、算方面的能力负责，一直到 70 年代晚期，美国已经有 31 个州制定了教育问责制的相关法律。至 20 世纪 90 年代，美国教育政策的话语已开始为问责制所主导，但直到《不让一个孩子掉队法案》（NO Child Left Behind，NCLB）法案之前，除个别州外，如加利福尼亚州，绝大多数州并未建立起正式、完善的问责体系。[①] 在小布什的主导下，美国国会在 2002 年 1 月 8 日颁布了《不让一个孩子掉队法案》。NCLB 法案将问责制和以高风险考试（high - stakes test）为主要手段的评估机制作为一项核心内容和基本原则，在全国范围内予以深入推行。为确保政策目标的顺利实施，NCLB 法案大幅增加了联邦的教育经费拨款。[②] 适当年度进步（Adequate Yearly Progress，AYP）是 NCLB 中衡量各所学校和各个学区履行绩效责任情况的一种机制。

（二）增值性评价理念与高校绩效评价

增值性评价突出了高校评价中的相对视角。“增值性评价”的理念是建立在学校可以增加“价值”到学生的学习成就这一假设之上的，而“增

① 郭勇．美国教育问责制：历史变迁及特色［J］．外国中小学教育，2011（1）：41～46.

② U. S. Department of Education. Fiscal year 2007 budget request advances NCLB implementation and pinpoints competitiveness ［EB/OL］. http：//www2. ed. gov/news/pressreleases/2006/02/02062006. html，2008－06－05.

值”表示学校所加诸学生身上使其学习成绩超过一般期望成绩的额外部分。[①] 探讨学校效能所面临的主要挑战是如何发展适当的统计分析方法，以便能分离出学校教育的作用。多元回归分析（Multiple Regression）是用来估计观察值（observed score）与期望值（expected score）之间的残差值（residual）的标准统计技术。就测量个别学生的进步情形而言，观察值指的是学生的实际成绩水平，期望值指的是以该学生先前成绩为分析的基线所预测出的学生成绩水平。因此，所谓残差值可解释为，某位学生是否表现在期望值之上或期望值之下（该期望值的估测是建立在样本中所有学校的所有学生之学习能力基线和其学习成绩的统计关系的基础上）。目前，美国已经发展出许多著名的增值评价体系，包括田纳西增值评价系统，宾夕法尼亚州的增值模型，以及兰德公司的增值模型等。据统计，到 2004 年美国已经有 21 个州在使用增值性评价模式对教师和学校进行评价。教师效能增值评价是当今美国用于评价、晋升、补偿和解雇教师的一个重要依据。[②]

在高等教育领域，所谓的“增值”就是一定时期大学教育对学生成长和发展所带来的影响，增值评价即测量这种影响的程度。与传统的总结性评价、形成性评价相比，增值评价的显著特点在于它对学生学习起点、过程与结果的共同关注。增值评价的兴起撼动了美国传统的评价体系，改变了大学以往过多的以“输入”为标准、以经验判断为主要依据的评价模式，逐渐构建起以学习者为中心，以可显现证据为基础，以教育过程、成果和绩效为核心的一套新的教育质量评价体系。

---

① 萨丽·托马斯．运用“增值”评量指标评估学校表现［J］．教育研究，2005（9）：20－27.

② RIVKIN，S. G.，HANUSHEK，E. A. & KAIN，J. F. Teachers，Schools，and Academic Achievement［J］. Econometrica，2005，73（2）：417－458.

第二节 高校绩效评价的基本思想

高校绩效评价可以针对不同的目的、秉持不同的方法论、采用不同的方式和模型来进行。本报告中的高校绩效评价是基于投入—产出方法论的相对效率评价，旨在将投入向量与产出向量组成二维结构形成“投入—产出关系”，并运用主成分分析模型比较不同投入状况下高校产出及绩效的差异。

一、高校绩效评价的方法论基础

高校绩效评价的方法论基础是投入—产出分析理论，该理论是1936年由美国经济学家沃西里·里昂惕夫（Wassily W Leontief）最早提出。

（一）投入—产出分析在经济领域的广泛运用

20世纪60年代以后许多国家纷纷采用投入—产出分析法剖析本国经济。投入—产出分析通过编制投入产出表来分析经济活动状况。投入—产出分析是反映经济系统各部分（如各部门、行业、产品）投入与产出间的数量依存关系，并用于经济分析、政策模拟、经济预测、计划制定和经济控制等的数量分析方法。投入—产出分析中的投入是指经济活动过程中的各种投入（消耗，包括中间投入和最初投入）及其来源；产出是指经济活动的成果（如得到一定数量的某种产品和劳务）及其使用去向（包括中间使用和最终使用）。投入—产出法主要由两部分构成：投入—产出表和投入—产出数学模型。投入—产出表是反映一个经济系统各部分之间的投入与产出间数量依存关系的表格（部门联系平衡表或产业关联表）。其结构形式是一种特殊的纵横交错的棋盘式表格。投入—产出数学模型是根据投入—产出表建立起来的数学模型，基本上是根据投入—产出表的行和列两个方向建立起来的且主要是由线性方程组构成的数学模型。① 中国于1973

① 董承章．投入产出分析［M］．北京：财政经济出版社，2000：2-4.

年编制成61种主要产品的投入—产出表，1979年又编制成21个部门的价值型投入—产出表，1989年编制146种产品的实物型投入—产出表和26个部门的价值型投入—产出表。投入—产出分析在中国得到了较为广泛的应用，一些省、市、县、企业都采用了此方法。

投入—产出分析自提出以后，经历了一个长期的发展过程。其发展特点有：一是由封闭式发展为开启式。从将居民消费与收入分别看作劳动力投入与产出的线性函数关系模型，发展为将中间产品作为内生变量，将投资、政府消费和居民消费或增加价值作为外生变量的模型。二是由静态模型发展为动态模型，即由不考虑时间因素，将投资作为最终产品的一列，发展为将投资从方程式的右边移到左边，扩展为一个或几个矩阵，计算增加单位产值所需的投资并将其内生化的模型。三是由单一的投入—产出模型发展为与现代科学管理方法相结合，即投入—产出模型与经济计量方法、最优控制理论等相结合。

（二）投入—产出分析是高校绩效评价的方法论基础

以投入—产出理论及方法可以充分体现高校绩效评价突出办学效益的评价目的，其内涵的生产力观点及模型推导是进行投入、产出关系分析的基础依据，并被广泛运用。①

第一，投入—产出法蕴含着经济学中的生产力观点。投入—产出法通过投入与产出之间的关系，包括两者的比值，来反映一个机构的绩效大小，蕴含着经济学中的生产力观点，能较好地体现公共或非营利部门绩效评价的本意。生产力属于系统性概念，是效率与效益的总和，其中，效益着重反映组织达成既定目标的程度，效率着重反映组织运用资源的能力。②高校作为公共部门或非营利性组织，其绩效也要反映在效益与效率的追求上。“生产力”概念最早由17世纪法国著名经济学家、重农学派创始人魁奈（Qusenay）提出，他认为生产力的意义是生产具有交换价值物品的能

① （二）部分的内容主要摘取本课题研究人员张男星、孙继红署名文章“投入产出法在高校绩效评价中的运用”，发表于《高教发展与评估》2012年2期。

② 施能杰．建构行政生产力衡量方式之刍议［J］．中国行政，2001，69：15－46.

力。19 世纪英国经济学家杰文斯（Jevons）在《边际生产力学说》一文中将生产力具体定义为产出与投入的比例。加利特（Garrett）和斯尔弗（Silver）认为生产力是用来衡量应投入多少资源才能达到所需要的产出量，即生产力 =（产出/投入）=（产出量/投入）。① 20 世纪 70 年代之后生产力被广泛用于解释投入与产出之间的关系，也被用来衡量公共部门及非营利性组织的绩效，如吴定等学者都秉持这样的观点。

第二，投入—产出法是数据包络分析推导的根本。数据包络分析（Data Envelopment Analysis，DEA）是 1978 年由著名的运筹学家查恩斯（Charnes）、库珀（Cooper）和罗兹（Rhodes）提出用来评价部门间生产效率相对有效性的方法，应用领域遍及工业企业、金融、教育、医学、交通运输及军事等多个生产和非生产领域。该方法是被广泛用于高校绩效评价的方法，但它进行推导的基础就是投入产出法。

DEA 的第一个模型被命名为 CCR 模型，从生产函数角度看，这一模型是用来研究具有多个投入、多个产出的生产部门同时为规模有效和技术有效的十分理想与有效的方法。CCR 模型假设在规模报酬固定下，利用线性规划的方式将一个 DMU（Decision Making Unit，DMU）的所有产出项加权总和，除以所有投入项的加权总和，求得最大比值作为效率分数（efficiency score），来解决相对效率问题。该模型的推导基础实质是投入产出比。

CCR 模型假设有 n（$j=1,\cdots,n$）个受评对象 DMU，各 DMU 都使用 m 种不同的投入 X_{ij}（$i=1,\cdots,m$），生产 s 种不同的产出 Y_{rj}（$r=1,\cdots,s$）。DEA 模型假设每个 DMU 至少应有一项正的投入和一项正的产出，则任一 DMU_0 的效率值可由下列模型得出：

$$Maxh_0 = \frac{\sum_{r=1}^{s} U_r Y_{r0}}{\sum_{i=1}^{m} V_i X_{i0}}$$

① 孙继伟. 科技研发组织生产力之研究［D］. 台北：台湾国防大学硕士学位论文，2010：12－13.

$$s.t.\ h_0 = \frac{\sum_{r=1}^{s} U_r Y_{rj}}{\sum_{i=1}^{m} V_i X_{ij}} \leqslant 1$$

$r = 1, \cdots, s\ ;\ i = 1, \cdots, m\ ;\ j = 1, \cdots, n\ ;\ U_r, V_i \geqslant 0$ 。

其中，h_0 是 DMU_0 的效率分数；U_r 是第 r 项产出的权重，V_i 是第 i 项投入的权重；Y_{rj} 是第 j 个 DMU 的第 r 个产出值（为已知），X_{ij} 是第 j 个 DMU 的第 i 个投入值（为已知）。

由上式可知，DEA 方法的核心部分就是在求产出与投入的比值，模式是由已知的 X_{ij} 和 Y_{rj} 在各 DEA 所形成的解集合中，找出对各 DMU 最有利的权重 U_r 、V_i ，使效率值 h_0 最大。由于 DEA 的求解过程是每次将一个 DMU 的投入与产出作为目标函数，以所有 DMU 的投入与产出为限制条件，共执行 n 次，每次找出各 DMU 最有利的权重，将得到 n 组（U_r，V_i）权重解，以求得在限制条件下（效率值不大于 1）n 个 DMU 个别的效率值 h_j 。由于每个被评价的 DMU 均有机会成为投入与产出的目标函数，且所对应的限制条件完全相同，借此，DEA 方法所求出的各 DMU 的效率值才具有了相同的可比较、可运算、可分析的基础。

正如教育经济学认为的那样，教育成本投资也是一种生产性投资，同样存在成本和效益的问题，可以对其进行投入和产出的计算。对高校而言，办学的投入主要表现为人、财、物的投入，行政部门对高校以及学校对各部门的人、财、物等资源的配置都属于教育成本投资，投入的多少就体现为教育成本。而成本配置的唯一依据就是看它能否产生效益以及产生多大效益。高校或院系要获得更多的资源供给，就必须创造出更多的产出，并努力促进资源的优化配置，提高有限资源的投资效益。从这个意义上讲，高校绩效评价完全可以以投入—产出分析为方法论基础来开展，实现推进高校提高成本意识、加强资源配置管理与提高办学效率的评价初衷。

二、高校绩效评价的基本假设

任何研究都是在一定前提条件约束下开展的研究，都有它自身研究假设的规限。高等学校绩效评价研究也不例外。开展基于投入—产出方法论的高等学校绩效评价，其主要基本假设如下。

第一，不同高校毕业生的内在水平基本等质。虽然高校招生时录取分数不同，学校的师资水平不同，甚或不同学校的育人文化不同，同样是毕业生，不同高校或高校内部之间是有水平差异的。但目前很难量化并细化出不同学校的不同投入与学生内在素质的关系，我们姑且认为毕业生或培训合格的受教育者，他们之间的产出质量是基本等质的，据此对不同高校的绩效进行评价和比较。

第二，不同学科科研产出所付出的劳动基本等质。虽然高校的科研产出即使同样的科研成果所含的劳动量也会有所不同，例如学校的基础研究与应用研究所需的产出时间和劳动消耗就是有差异的，应用研究往往针对现实需要，产出时间可以较短，以应所用之需；基础研究却指向长远的目标，其研究成果的形成需要的时间会更长些。但由于目前还没有公认的科学方法，能够将不同类型研究中的劳动量予以分化或者归一，我们姑且假定每一项研究都浸透着基本等质的劳动智慧与创新，同样等级刊物上发表的论文其劳动价值基本相等。如公开发表的论文或核心期刊发表的论文，在各自的等级上所含的劳动付出具有一致性。

第三，不同高校的产出滞后期基本一致。本研究将国家经济建设规划通用的 5 年周期，作为考察高校投入—产出情况的绩效评价周期。高校不同于企业，其投入的人、财、物确实无法在很短的时间内实现产出效益（其实，企业也有产品研发方面的先期投入），其产出滞后性十分明显，许多高校投入还要经过中间产品的转换之后才能形成最终产出，如教师及教师团队的培养、学科及专业的建设、课程及教材的开发、教学及研究基地的建立等中间产品的形成，更需要时间来积累。但高校的绩效评价是以高校现时的发展为基础，因此，在评价中我们姑且假定高校投入资源的相应产出在 5 年内应该有不同程度的体现。并且，通过每年向前推进一年的方式进行 5 年时限的年度评价，可以削弱投入与产出的滞后性影响。

三、高校绩效评价的基本原则

科学的方法需要科学的使用才能完整体现方法的价值及其对实践的推动作用。基于投入—产出方法论的高校绩效评价如何最大限度、最大可能地体现高校绩效评价在评价目的、评价对象、评价范围、评价使用等方面的特指性，并且最大限度、最大可能地将这些具有特指性的概念性指标进行可量化与可采集化，这就需要遵循一定的原则。

第一，正确导向原则。《国家中长期教育改革和发展规划纲要(2010—2020年)》、《教育部关于全面提高高等教育质量的若干意见》都明确指出，未来时期我国高等教育发展的重点是全面提高质量，稳定规模，走内涵式发展道路。开展高校绩效评价是促进高校内涵发展的重要抓手，通过绩效指标的确定和运用引导高校注重效益，提升质量；引导高校最大限度发挥资源效益，减少办学资源消耗，以较少投入产出较大成效，形成高投入、高产出的发展局面；引导高校立足现有基础，准确定位，办出特色、办出水平。

第二，全面客观原则。进入高校投入和产出范畴的指标是对高校办学活动过程的整体特质提取，需要相对全面地反映高校办学在输入与输出两方面的活动内容。作为高等教育实施机构，高校的输入与输出都不可以用单一的资金或统一化为资金来计算。就输入而言，需要把资金输入转化为师资队伍建设、转化为学科建设、转化为课程教材建设以及基础设施建设、文化建设等一系列中间输入，整合之后才能抵达输出终端；就输出而言，高校的输出包括培养的人才、科学研究成果、社会服务活动等多种形式，也都不是可以直接用资金的方式来计算的。因此，在选取高校投入与产出指标时，需要尽量充分地考虑到高校办学在输入与输出两方面的活动内容及其特殊性，尽可能相对全面地涵盖高校投入、产出的全过程。例如，将投入指标划分为人、财、物三类，将产出指标划分为人才、科研、服务三类，都是一种试图较为全面地反映高校办学活动输入、输出要素的努力。

第三，可操作原则。高校投入、产出指标的量化是对高校办学整体特质的数量描述，需要充分考虑所选择指标的可采集等约束条件。采用投入—产出法衡量办学绩效，必须遵循指标能够量化、指标数据可以采集等原则，将概念化指标转变为有效的操作性指标，并且指标数据是可采集的。尽管可采集并不是指标提取的最核心依据，但却是指标建构的“短板”，是评价指标得以施行的最大约束力量。有些指标尽管在理论范畴内是有意义的，但由于自身无法衡量或指标数据目前难以采集，就会因无法进行数量描述不被纳入高校绩效指标体系。为此，需要充分考虑指标选择的约束条件，尽力寻找相应的替代指标以满足绩效评价的目标要求。例如，高校产出的最终效果体现为高校培养的学生为社会创造出的财富价值，进而把毕业生一定时间点上（3 年或更长时间）的薪金作为产出指标。理论上讲，这是有道理的，也有意义。但是，受当前研究水平和数据库建设的限制，一方面，毕业生为社会做出的贡献是在国民经济各个领域和部门实现的，其薪金水平已不完全是大学教育的作用，大学教育与其他行业对人才成长作用的关联效应难以准确分离；同时，我国还缺乏与之相适应的权威的、全面的数据，这样的指标也就不具备可操作性。

四、高校绩效评价的基本特点

基于投入—产出方法论的高校绩效评价关注高校发展的成绩，更关注高校取得这些成绩的已有基础和条件以及由此形成的办学效率差异。它可以将拥有不同投入和发展条件的高校放在相对效率这个统一标准上进行评价与比较，充分反映高校主动寻求发展的努力程度和进步程度；还可以减弱高校获取资源过程中受建校历史、认定性重点、地区发展需要以及现有发展实力等自然性因素的影响，避免或消解评价中的“马太效应”。其特点如下。

第一，相对性，在投入绝对量和产出绝对量之间进行转化，既关注高校办学的绝对成绩，更关注这些成绩是在何种投入前提下产生的，从而集中反映高校办学的相对效率。第二，过程性，对高校一定时间段的投入、产出进行评价，能够体现一个相对时期内高校投入、产出及绩效的变化情况，从而累积性地反映高校办学的发展过程。第三，公平性，以投入为条件，可以使每个高校都站在由相对效率/效益标准上进行比较，从而淡化既有存量对高校评价结果的影响，集中反映高校在资源利用上的主观努力和效果。

第三节　高校绩效评价的运行方法

基于投入—产出方法论的高校绩效评价，其运行方法是建构反映高校投入、产出及绩效的指标，运用一定的模型分析手段计算高校投入、产出及绩效得分，通过不同的方式予以呈现，并依据这些数据对高校的投入、产出及绩效等关系进行分析。

一、建构绩效指标体系：主观建构与模型筛选相结合

绩效指标总是要反映绩效评价对促进高校办学的教育学意义，同时也要能够在统计学范畴中获得客观验证。因此，高校绩效指标的确定需要将主观建构与模型筛选两种方式结合运用。

（一）主观建构绩效指标

主观建构绩效指标主要是通过特尔斐法获得高校投入与产出的各项概念形态指标。首先，借助文献研究，根据投入的人力、物力、财力以及产出的人才培养、科学研究、社会服务各三个维度，初步构建投入、产出的高校绩效指标体系。这个指标体系需要反映高校运行的各个侧面，从产出角度而言，包含了教学、科研、服务；从投入角度而言，包含人力、物力、财力。建构概念形态绩效指标时，一方面，就高校自身的复杂性而言，最初确立指标可以尽可能全面些，以最大可能反映出高校投入、产出方面的环节和要素、过程和结果。同时又最大可能地使指标从教育学意义上而言包容性大且简明、合理。另一方面，进入高校投入和产出范畴的指标要反映高校的基本职能及办学活动的基本过程和结果。高校是一个复杂的教育组织，具有教学、科研和社会服务三大职能或更多职能。作为特殊的生产部门，高校的投入应该包括获得各种经费以及投放到办学活动中的

教师资源和物质资源，它的产出应该包括毕业生的培养、知识的生产和运用等。所以，充分考虑到高校办学在输入与输出两方面的活动内容及其特殊性，分别从人力、物力、财力以及教学、科研、服务指标类别对高校的绩效状况进行综合考量，尽可能相对全面地涵盖高校投入、产出的全过程。

然后，组建由高等教育管理、高等教育评估、高等教育教学等领域研究的专家以及从事高校管理的行政管理者、一线教学工作的高校教师、高校毕业年级学生构成的同行专家组，通过两轮问卷调查请专家打分，根据专家打分所确定的指标重要程度排序，初步确定主观建构的指标。通过召开指标研讨会讨论初建指标，最后确立概念形态的指标体系。

（二）模型筛选绩效指标

概念形态指标是一种主观构建，更多体现评价的教育学意义，但并不是所有初设的概念形态指标都可以放入模型去运行，否则，指标之间不合理的信息重叠会对基于协方差矩阵进行主成分分析时造成估计偏差。为此，需要通过模型工具对概念形态指标进行统计学意义上的筛选，以保证所保留的指标具有相关性、信息性、敏感性，形成操作形态指标。

1. 第一轮典型相关分析的指标筛选

典型相关分析是一种分析两组变量间关系的多变量分析方法，通过分别找出两组变量最佳结构的线性组合，使得两组变量间的关系最大化。[①]我们采用典型相关分析的目的有两个：（1）检验投入组与产出组两组变量间是否相关及相关的强度；（2）通过计算典型负荷量（canonical loading）比较各投入（产出）指标与典型方程间的相关，其值越大，表示该指标在解释该典型方程的重要性越高。典型负荷量所代表的意义与因子分析和判别分析中的结构负荷量意义相同。

通过典型相关分析，验证主观建构的投入指标向量组和产出指标向量组之间是否存在统计学意义上的相关关系。如果两组变量间的相关关系越强，高校绩效评价结果就越有效。

---

① 王保进．多变量分析——统计软件与数据分析［M］．北京：北京大学出版社，2007：199.

2. 第二轮聚类分析的指标筛选

由于各个指标之间可能存在一定程度的相似性，还应从相似程度较高的指标中挑选出最具有代表性的指标。系统聚类法可以将指标聚为一定数目的类别，从中选择每一类里具有代表性的指标作为入选指标，再选择每类中的相关系数平方的均数较大而类间的相关系数较小的代表性指标。通过聚类分析，可以使筛选出的投入或产出指标能够较多反映高校投入或产出方面的信息，从而使指标更具代表性。聚类后的指标以“相近或相似”的变量性质聚在一起，较好地反映每一类变量之间较大的特异性、代表性和简明性，既能保留指标的信息，又能避免指标信息的重复。筛选出来的指标对不同分析对象的差异敏感能力和区别能力较强，且在一定程度上也能反映其他落选投入或产出指标的信息。

经过典型相关分析和聚类分析模型筛选和验证后保留的指标，可再结合评价目的对其加以主观价值分析和判断，最终确立可以进入运算的操作形态指标。

二、确立模型方法：主成分分析

通过主观建构与模型筛选之后确立的绩效指标，将运用主成分分析模型，分别计算各评价单元的投入综合得分与产出综合得分，并依此计算与呈现各自的绩效状况。

（一）指标无量纲化

由于高校投入、产出指标的单位各不相同，数量单位不同的指标是无法直接进入主成分运算的，必须首先将指标数值进行无量纲化，也就是通过标准化使所有指标的数据成为可以统一运算并可以相互比较的数。

数据无量纲化的方法较多。根据线性无量化方法的性质，常用的无量纲化方法包括标准化处理方法（Z 分数法）、极值处理法、修正的功效系数法等。

标准化处理方法是指标实际值与样本平均数的差除以样本标准差，公式为：$x_{ij}^{*}=\frac{x_{ij}-\bar{x}}{s_j}$，但得到的值存在负值，还需要用其他方法将其转换为正值，再次转换过程中一些信息会被放大或缩小。极值法是指标实际值与该项指标最大值的比，公式为：$x_{ij}^* = \dfrac{x_{ij}}{Max(x_{ij})}$，得到的值是不超过1的正数。修正的功效系数法是指标实际值与指标最小值的差，除以指标最大值与最小值的差，公式为：$x_{ij}^* = \dfrac{x_{ij} - Min(x_{ij})}{Max(x_{ij}) - Min(x_{ij})}$，得到的值是不超过1的正数，但可以为0。

通过实际数据运算的比较发现，这三种无量纲化方法带来的标准化结果并无多少差异，更多在于计算技术的差异。借鉴同行通用方法，我们最后选取了极值法作为指标无量纲化的方法。极值法对原始数据的数量及分布没有特别要求，避免了Z分数法要求原数据呈正态分布的限制；转化后的数据区间范围明确，在0—1之间，不存在正负数转换问题，便于进一步处理。

（二）客观赋予权重

高校投入、产出指标的权重确定是对高校办学活动各个环节相对重要性的认定。要计算投入指标的综合得分以及产出指标的综合得分，关键在于如何确定单个投入指标和单个产出指标的权重。权重用于衡量单个指标在综合指标中的贡献程度。

确定指标权重的方法有客观赋权法和主观赋权法两大类。前者依据指标间的相关关系或各指标的变异系数来确定，如熵值法、变异系数法等；后者常采用定性方法，由专家根据经验进行主观判断获得，如专家评判。主观赋权法的特征一是赋权结果与评价者的知识结构、工作经验及偏好等有关；二是评价过程的透明性和再现性差。客观赋权法的特征一是赋权系数来自各指标在指标总体中的变异程度和对其他指标影响程度；二是赋权原始信息直接来自各指标所提供的信息量大小。两大类赋权法各有千秋也各有局限。主观赋权反映了评价者的价值取向和主观判断，甚至直觉，但可能会因评价者知识经验、价值观念的影响，使评价结果带有主观倾向。客观赋权通常利用比较完善的数学理论与方法，依据客观数据说话，但也可能会受数据不完整或偏差的影响，使评价结果偏离事实判断。为此，需要从评价目标和取向上选择权重确定的方法，既可以单独使用某一种赋权方法，也可以综合使用这两种赋权方法，关键是在使用某种赋权方法时一定要对其局限性有清晰认识，尽可能采取相应措施避免或降低赋权方法对评价结果的负效应。

由于主观赋权依据的科学性和合理性仍然难以很好把握，且争议也比较大。为此，基于投入—产出方法论的绩效评价采用客观赋权的方法，选择兼有信息量权数和系统效用权数性质的主成分分析权数。主成分分析法是一种通用的评价方法，其中的方差贡献率描述了各主成分在反映各个原始指标信息量方面的能力大小，各主成分的方差贡献率反映了各个主成分对原始指标的信息保留量，以方差贡献率作为权重，实际上就是一种客观赋权。

具体做法就是先基于投入指标组和产出指标组的协方差矩阵，分别计算出各个产出主成分、投入主成分的特征值及方差贡献率，以方差贡献率作为每个指标的客观权重，分别计算出产出综合指标得分和投入综合指标得分。

（三）计算投入、产出得分

运用主成分方法计算投入综合得分与产出综合得分。其中，提取主成分时依据有二，一是主成分对应的特征值大于1，以表明该主成分的影响力度较大；二是主成分的累计方差贡献率在75%以上，以表明该主成分对原始指标信息量的保留量较大。以所提取主成分中各指标的方差贡献率为权重，将各投入、产出指标的值进行加权平均，就可分别得到投入、产出指标的综合得分。

如果要测算n年高校投入、产出指标的综合得分，取各指标n年的算术平均值即可得到n年整体的投入、产出综合得分。

（四）呈现绩效结果

依据投入综合得分和产出综合得分，可以采取两种方式呈现高校绩效的结果。一是，以绩效得分的分值显示高校的绩效状况。运用“产出/投入”数学模型计算绩效。分别算出高校n年产出、投入指标的综合得分，再取 n 年得分的算术平均值，代入“产出/投入”模型所得比值即为高校 n 年的绩效得分。

二是，以“位差方法”显示高校的绩效状况。即采用归类的方式将各校产出得分排序与投入得分排序的差值作为绩效评价的归类标准，形成三种绩效类别。产出排序与投入排序差值为 0 的归入“绩效相当”类，表明产出与投入相当；产出排序高于投入排序 1 位以上的归入“绩效偏高”类，表明产出高于投入；产出排序低于投入排序 1 位以上的归入“绩效偏低”类，即产出低于投入。

当然，这些显示方法并非是绩效结果表达的全部方式，也并非是最好的方式。而只是基于一定社会理解背景、一定认识研究水平、一定评价指向目的所运用的绩效呈现手段。如何更直接、更好地在投入、产出基础上呈现绩效状况，仍然可以进一步研究。

三、选取评价测试对象

基于投入—产出方法论的高校绩效评价，在我国还是一个新鲜事物，许多方面都还需要不断探索与完善。为此，根据数据的可获得性，本研究选取教育部直属高校（简称直属高校；在一些章节的相同语境下，也简称高校）作为高校绩效评价对象，以每年的《教育部直属高校基本情况统计资料汇编》以及教育部等官方网站为数据来源，对 72 所直属高校（三所两地办学高校各自合为一所）进行绩效评价。

第三章

高校绩效评价的实施

绩效指标的确立是高校绩效评价最核心和最重要的工作，也是最敏感和最困难的工作。它关系着绩效评价是否能够观察到高校的投入与产出关系，是否能观察到高校的资源分配情况，是否能够有助于引导和推动高校办学效益的提高。因此，高校绩效评价实施的最重要环节是设计、论证并确立高校绩效评价指标。绩效指标的建构、确立及逐步稳定，是一个需要反复验证与调整的过程。本章阐述 2009 年、2011 年进行的高校绩效评价，包括高校绩效指标的初构及前期修订过程，以及基于不同指标、年限进行的绩效评价结果和比较。

第一节　2009 年高校绩效评价

2009 年，通过特尔斐法初构概念形态的高校绩效指标，运用模型对概念形态指标进行筛选，确立操作形态指标；并依此指标对直属高校进行第一次绩效评价（命名为试测一），数据采集年限为 2006—2008 年 3 年。

一、2009 年概念形态绩效指标的建构

遵循前述指标建构原则，通过文献研究及特尔斐法确定概念形态的高

校绩效指标体系，包括14项投入指标和16项产出指标。投入指标确立的依据是能重点反映高校办学在人力、财力和物力三方面的投入，产出指标的确立依据是能重点反映高校在人才培养、科学研究和社会服务三方面的职能。

概念形态投入指标（14个）	概念形态产出指标（16个）
校本部教职工总数	当量在校生数
博士学历教师占专任教师比例	当量学历在校留学生数
副高以上教师占专任教师比例	百篇优秀博士学位论文数
研究与发展全时人员数	国内学术期刊发表论文数
社科/科技活动人员数	国外学术期刊发表论文数
科研经费总额	国际学术会议提交论文数
教育事业经费总额	出版专著数
其他经费投入	国家最高科学技术奖特等奖数
本年完成基建投资总额	国家三大科技奖一等奖数
固定资产总额	国家三大科技奖二等奖数
实验室（实习场所）面积	省部级科学研究与发展成果奖数
图书册数	发明专利授权数
图书馆面积	鉴定成果数
教室面积	国家级项目验收数
	技术转让当年实际收入金额
	专利出售当年实际收入金额

二、2009年操作形态绩效指标的形成

将体现高等教育价值属性的概念形态指标经过两轮模型筛选之后，使其具有统计学意义，从而形成高校绩效评价的操作性指标。

（一）第一轮典型相关模型的指标筛选

典型相关是研究两组变量之间相关性的一种统计学分析方法，能较好

地反映高校投入指标组与产出指标组之间的相关性。

对所有指标进行无量纲化之后，在最初确定的投入指标组（14 个指标）和产出指标组（16 个指标）之间，采用 STATA 统计软件 canon 命令进行处理，得出如表 3－1 的结果。经过 χ^2 统计量检验，在 $P<0.05$ 的显著性水平上，前八对典型变量间的相关系数较高，因此，可以基于前八对典型变量作进一步的投入与产出变量筛选。

表 3－1　投入与产出指标组之间的典型相关系数

序　号	典型相关系数	Pr > P
1	0.9719	0.0000**
2	0.8980	0.0000**
3	0.8416	0.0000**
4	0.6142	0.0000**
5	0.5322	0.0000**
6	0.4181	0.0004**
7	0.3728	0.0070**
8	0.3515	0.0364*
9	0.3040	0.14740

基于前八对典型变量，分别计算每一个投入变量和每一个产出变量与前八组典型变量之间的典型负荷，在 $P<0.05$ 的显著性水平上，除“鉴定成果数”这项指标外，其余的投入（产出）指标都与某项典型投入（产出）变量之间存在显著相关关系，这说明所选择的产出指标组和投入指标组之间存在不同程度相关关系。因此，经过投入—产出指标组典型相关性的筛选后，有 15 项产出指标和 14 项投入指标进入下一轮筛选。

（二）第二轮聚类模型的指标筛选

通过聚类分析，可以使筛选出的投入、产出指标能够较多反映高校投入、产出方面的信息，从而使指标更具代表性。观察聚类指标的标准可以依据阈值距离、类平均、极大不相关等方法来确认。基于直观而言，这里取聚类分析图中 2.5 阈值距离作为指标类聚的标准。从图 3－1、图 3－2 中可以观察到，2.5 阈值下的投入指标分为 11 类、产出指标分为 13 类。

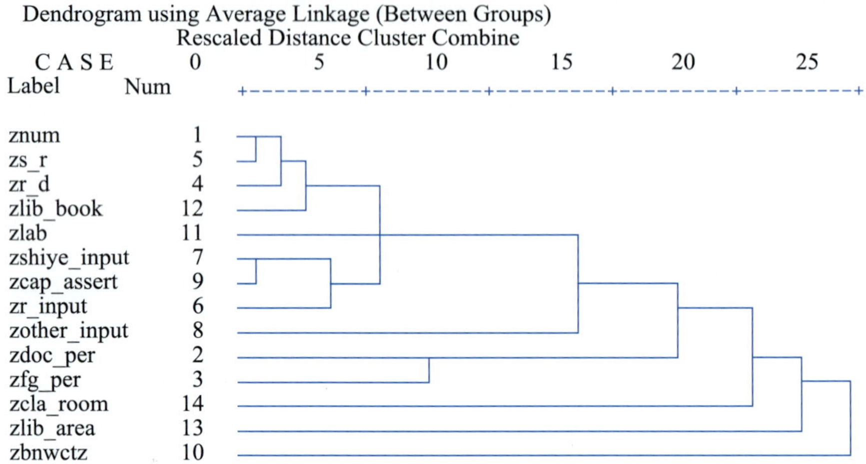

图 3－1　投入指标聚类图

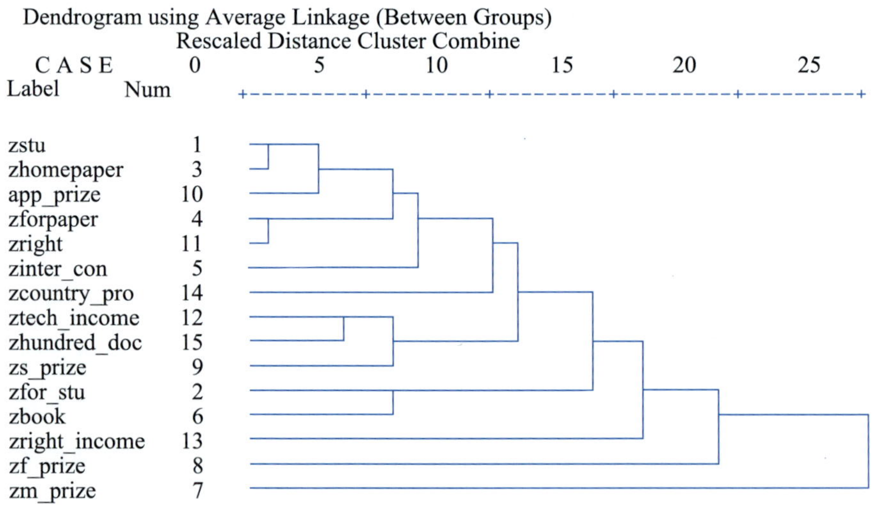

图 3－2　产出指标聚类图

聚类分析得到的每一指标类，如果只含一个指标，则表明指标之间的独立性很强，指标入选；如果含有超过两个及以上的指标，则表明类内指标间存在不同程度的相关，指标所含信息或多或少有重复。于是还需要对这些类内指标进行取舍判断，从图 3 - 2 中可见，需要在“校本部教职工总数、研究与发展全时人员、社科/科技活动人员”（三项指标相关系数依次为：0.883、0.631、0.547）、“教育事业经费总额、固定资产总额”（两项指标相关系数为 0.713）、“当量在校生数、国内学术刊物发表论文数”（两项指标相关系数为 0.769）以及“国外学术刊物发表论文数、发明专利授权数”（两项指标相关系数为 0.852）四类指标组中分别进行指标取舍，从中挑出更具代表性的指标。

可以从几个角度对类内指标进行取舍，一是类内指标间的相关系数。一般而言，类内指标间的相关系数小于 0.8 的指标仍在许可存在范围；二是指标的变异系数。变异系数越大的区别特性越强，越应当保留；三是指标对于评价的主观价值；四是对统计模型提出的删除或保留指标进行基于绩效评价目的与意义的甄别，允许予以强行保留或删除。依据以上标准，从四类指标组中最后挑选出的指标为：校本部教职工总数、研究与发展全时人员、教育事业经费总额、当量在校生数、国外学术刊物发表论文数。余下 12 项投入指标和 13 项产出指标成为绩效评价的操作性指标。

（三）确定绩效评价操作形态指标

通过概念建构、模型筛选、对比验证，最后确立了 12 项投入指标、13 项产出指标，作为第一次高等学校绩效评价的操作指标（表 3 - 2）。

表 3 - 2　2009 年第一次确定的高校绩效评价操作指标

投入指标（12 个）	产出指标（13 个）
校本部教职工总数	当量在校生数
博士学历教师占专任教师比例	当量学历在校留学生数
副高以上教师占专任教师比例	百篇优秀博士学位论文数
研究与发展全时人员数	
	国外学术刊物发表论文数
教育经费总额	国际会议提交论文数
科研经费总额	出版专著数
其他经费投入	国家三大科技特等奖数

续表

投入指标（12个）	产出指标（13个）
本年完成基建投资总额	国家三大科技一等奖数
	国家三大科技二等奖数
实验室（实习场所）面积	省部级科学研究与发展成果奖数
图书馆面积	国家级项目验收数
教室面积	
图书册数	技术转让当年实际收入金额
	专利出售当年实际收入金额

注：教育/科研经费总额为教育/科研经费拨款与教育/科研事业收入之和。

三、2009年直属高校投入、产出得分

采用第一次确定的指标体系，运用主成分分析方法，对72所直属高校进行绩效评价，结果如表3－3、表3－4。

表3－3　2006—2008年直属高校3年投入综合得分及排序（2009年指标）

学校名称	三年投入综合得分	排序	学校名称	三年投入综合得分	排序
清华大学	1.00000	1	中山大学	0.54132	12
北京大学	0.91510	2	同济大学	0.53535	13
浙江大学	0.84424	3	南京大学	0.53491	14
上海交通大学	0.75912	4	厦门大学	0.48773	15
四川大学	0.70526	5	中南大学	0.45858	16
吉林大学	0.64944	6	南开大学	0.45458	17
复旦大学	0.60960	7	北京师范大学	0.45392	18
武汉大学	0.59632	8	中国农业大学	0.43414	19
山东大学	0.58040	9	西安交通大学	0.42586	20
中国石油大学	0.57784	10	华南理工大学	0.42230	21
华中科技大学	0.57567	11	东南大学	0.41845	22

续表

学校名称	三年投入综合得分	排序	学校名称	三年投入综合得分	排序
华东师范大学	0. 40254	23	陕西师范大学	0. 21048	48
武汉理工大学	0. 39570	24	东华大学	0. 20983	49
天津大学	0. 39070	25	南京农业大学	0. 20361	50
大连理工大学	0. 38006	26	中国政法大学	0. 19422	51
中国人民大学	0. 37042	27	河海大学	0. 18333	52
重庆大学	0. 36215	28	华中农业大学	0. 18181	53
西南大学	0. 32568	29	华北电力大学	0. 18179	54
中国矿业大学	0. 32070	30	上海财经大学	0. 18075	55
北京科技大学	0. 31148	31	对外经济贸易大学	0. 17528	56
华东理工大学	0. 30689	32	西北农林科技大学	0. 175	57
湖南大学	0. 30322	33	合肥工业大学	0. 17391	58
西南交通大学	0. 30100	34	北京林业大学	0. 17256	59
北京交通大学	0. 29774	35	中南财经政法大学	0. 16419	60
中国地质大学	0. 29372	36	中央财经大学	0. 16237	61
电子科技大学	0. 27267	37	东北林业大学	0. 15989	62
东北大学	0. 27192	38	北京中医药大学	0. 13794	63
中国海洋大学	0. 27112	39	中国传媒大学	0. 11981	64
西安电子科技大学	0. 25978	40	中国药科大学	0. 1145	65
江南大学	0. 25376	41	西南财经大学	0. 11255	66
华中师范大学	0. 25238	42	北京外国语大学	0. 08684	67
兰州大学	0. 25121	43	上海外国语大学	0. 06513	68
东北师范大学	0. 23716	44	北京语言大学	0. 04984	69
长安大学	0. 22227	45	中央美术学院		
北京化工大学	0. 2186	46	中央戏剧学院		
北京邮电大学	0. 21507	47	中央音乐学院		

表 3－4　2006—2008 年直属高校 3 年产出综合得分及排序（2009 年指标）

学校名称	三年产出综合得分	排序	学校名称	三年产出综合得分	排序
清华大学	1.00000	1	华东理工大学	0.17437	26
北京大学	0.77096	2	大连理工大学	0.16626	27
浙江大学	0.58412	3	东南大学	0.16330	28
复旦大学	0.45740	4	厦门大学	0.15458	29
上海交通大学	0.35957	5	华南理工大学	0.15444	30
山东大学	0.35344	6	南开大学	0.14665	31
四川大学	0.34252	7	武汉理工大学	0.14565	32
中南大学	0.32172	8	湖南大学	0.14531	33
中国人民大学	0.30839	9	北京交通大学	0.14293	34
武汉大学	0.30393	10	西南交通大学	0.13490	35
华中科技大学	0.29929	11	兰州大学	0.12068	36
吉林大学	0.27657	12	东华大学	0.11967	37
南京大学	0.26922	13	华中农业大学	0.11483	38
同济大学	0.23060	14	华东师范大学	0.11444	39
天津大学	0.22688	15	南京农业大学	0.11395	40
东北大学	0.22646	16	中国地质大学	0.11261	41
中山大学	0.22380	17	西南大学	0.10725	42
西安交通大学	0.22208	18	北京邮电大学	0.09982	43
中国农业大学	0.21917	19	河海大学	0.09501	44
电子科技大学	0.21898	20	合肥工业大学	0.09469	45
北京师范大学	0.20354	21	中国海洋大学	0.09432	46
北京科技大学	0.20114	22	华中师范大学	0.09190	47
中国石油大学	0.18796	23	北京化工大学	0.08889	48
中国矿业大学	0.18584	24	江南大学	0.08779	49
重庆大学	0.17723	25	西北农林科技大学	0.08391	50

续表

学校名称	三年产出综合得分	排序	学校名称	三年产出综合得分	排序
西安电子科技大学	0.07843	51	北京语言大学	0.03713	62
长安大学	0.07733	52	中国药科大学	0.03401	63
东北师范大学	0.07037	53	北京林业大学	0.03359	64
陕西师范大学	0.05533	54	西南财经大学	0.02936	65
北京中医药大学	0.05278	55	北京外国语大学	0.02777	66
东北林业大学	0.05202	56	中国传媒大学	0.02504	67
上海财经大学	0.04554	57	上海外国语大学	0.02445	68
中南财经政法大学	0.04368	58	中央财经大学	0.02229	69
中国政法大学	0.04293	59	中央美术学院		
对外经济贸易大学	0.04161	60	中央戏剧学院		
华北电力大学	0.04079	61	中央音乐学院		

四、2009年直属高校绩效评价结果

2009年，运用“产出—投入”数学模型计算绩效得分。分别将各直属高校2006—2008年3年产出综合得分算术平均值和投入综合得分算术平均值，代入“产出—投入”模型，所得比值即为各直属高校2006—2008年3年的绩效得分（表3－5）。

表3－5 2006—2008年直属高校3年绩效得分（2009年指标）

学校名称	三年投入综合得分		三年产出综合得分		三年整体绩效得分	
	分值	排序	分值	排序	分值	排序
清华大学	1.00000	1	1.00000	1	1.00000	1
北京大学	0.91510	2	0.77096	2	0.84248	2
东北大学	0.27192	38	0.22646	16	0.83281	3
中国人民大学	0.37042	27	0.30839	9	0.83255	4

续表

学校名称	三年投入综合得分		三年产出综合得分		三年整体绩效得分	
	分值	排序	分值	排序	分值	排序
电子科技大学	0. 27267	37	0. 21898	20	0. 80307	5
复旦大学	0. 60960	7	0. 45740	4	0. 75033	6
北京语言大学	0. 04984	70	0. 03713	62	0. 74500	7
中南大学	0. 45858	16	0. 32172	8	0. 70155	8
浙江大学	0. 84424	3	0. 58412	3	0. 69189	9
北京科技大学	0. 31148	31	0. 20114	22	0. 64575	10
华中农业大学	0. 18181	53	0. 11483	38	0. 63159	11
山东大学	0. 58040	9	0. 35344	6	0. 60896	12
天津大学	0. 39070	25	0. 22688	15	0. 58069	13
中国矿业大学	0. 32070	30	0. 18584	24	0. 57947	14
东华大学	0. 20983	49	0. 11967	37	0. 57033	15
华东理工大学	0. 30689	32	0. 17437	26	0. 56819	16
南京农业大学	0. 20361	50	0. 11395	40	0. 55967	17
合肥工业大学	0. 17391	58	0. 09469	45	0. 54450	18
西安交通大学	0. 42586	20	0. 22208	18	0. 52149	19
华中科技大学	0. 57567	11	0. 29929	11	0. 51989	20
河海大学	0. 18333	52	0. 09501	44	0. 51828	21
武汉大学	0. 59632	8	0. 30393	10	0. 50967	22
中国农业大学	0. 43414	19	0. 21917	19	0. 50483	23
南京大学	0. 53491	14	0. 26922	13	0. 50331	24
重庆大学	0. 36215	28	0. 17723	25	0. 48939	25
四川大学	0. 70526	5	0. 34252	7	0. 48567	26
兰州大学	0. 25121	43	0. 12068	36	0. 48041	27
北京交通大学	0. 29774	35	0. 14293	34	0. 48006	28
西北农林科技大学	0. 17500	57	0. 08391	50	0. 47952	29

续表

学校名称	三年投入综合得分		三年产出综合得分		三年整体绩效得分	
	分值	排序	分值	排序	分值	排序
湖南大学	0. 30322	33	0. 14531	33	0. 47921	30
上海交通大学	0. 75912	4	0. 35957	5	0. 47366	31
北京邮电大学	0. 21507	47	0. 09982	43	0. 46412	32
北京师范大学	0. 45392	18	0. 20354	21	0. 44841	33
西南交通大学	0. 30100	34	0. 13490	35	0. 44817	34
大连理工大学	0. 38006	26	0. 16626	27	0. 43747	35
同济大学	0. 53535	13	0. 23060	14	0. 43074	36
吉林大学	0. 64944	6	0. 27657	12	0. 42586	37
中山大学	0. 54132	12	0. 22380	17	0. 41343	38
北京化工大学	0. 21860	46	0. 08889	48	0. 40663	39
东南大学	0. 41845	22	0. 16330	28	0. 39025	40
中国地质大学	0. 29372	36	0. 11261	41	0. 38340	41
北京中医药大学	0. 13794	63	0. 05278	55	0. 38259	42
上海外国语大学	0. 06513	68	0. 02445	68	0. 37533	43
武汉理工大学	0. 39570	24	0. 14565	32	0. 36808	44
华南理工大学	0. 42230	21	0. 15444	30	0. 36572	45
华中师范大学	0. 25238	42	0. 09190	47	0. 36412	46
长安大学	0. 22227	45	0. 07733	52	0. 34791	47
中国海洋大学	0. 27112	39	0. 09432	46	0. 34788	48
江南大学	0. 25376	41	0. 08779	49	0. 34597	49
西南大学	0. 32568	29	0. 10725	42	0. 32932	50
东北林业大学	0. 15989	62	0. 05202	56	0. 32536	51
中国石油大学	0. 57784	10	0. 18796	23	0. 32527	52
南开大学	0. 45458	17	0. 14665	31	0. 32261	53
北京外国语大学	0. 08684	67	0. 02777	66	0. 31975	54

续表

学校名称	三年投入综合得分		三年产出综合得分		三年整体绩效得分	
	分值	排序	分值	排序	分值	排序
厦门大学	0.48773	15	0.15458	29	0.31693	55
西安电子科技大学	0.25978	40	0.07843	51	0.30192	56
中国药科大学	0.11450	65	0.03401	63	0.29704	57
东北师范大学	0.23716	44	0.07037	53	0.29672	58
华东师范大学	0.40254	23	0.11444	39	0.28428	59
中南财经政法大学	0.16419	60	0.04368	58	0.26606	60
陕西师范大学	0.21048	48	0.05533	54	0.26286	61
西南财经大学	0.11255	66	0.02936	65	0.26084	62
上海财经大学	0.18075	55	0.04554	57	0.25195	63
对外经济贸易大学	0.17528	56	0.04161	60	0.23738	64
华北电力大学	0.18179	54	0.04079	61	0.22440	65
中国政法大学	0.19422	51	0.04293	59	0.22106	66
中国传媒大学	0.11981	64	0.02504	67	0.20900	67
北京林业大学	0.17256	59	0.03359	64	0.19464	68
中央财经大学	0.16237	61	0.02229	69	0.13725	69
中央美术学院						
中央戏剧学院						
中央音乐学院						

注：1. 表中投入得分越高表示该学校获得的投入越多，产出得分越高表明该学校的产出越多，绩效得分越高表明该学校绩效状况越好。2. 考虑到中央美术学院、中央戏剧学院、中央音乐学院独特的办学定位和学科特色，本次绩效评价未将其结果列入排序之中。

结果显示，从绝对量得分（“三年整体投入综合得分”、“三年整体产出综合得分”）和绩效评价分段来看，高校投入与产出的绝对量与绩效评价之间并不一定对应。产出绝对量或投入绝对量排序靠前的，绩效不一定靠前。所以，绝对产出得分高的学校，绩效不一定高，反之亦然。2009 年的高校绩效评价过程与结果以研究报告方式公开发表于《中国教育报》2009

年 12 月 9 日版。

五、2009 年高校绩效评价的相关意见

2009 年对直属高校进行的绩效评价及其结果公开之后，反响强烈，争议也多，看法和意见主要集中于以下四个方面。

1. 应该进行绩效评价

绝大部分地方政府、地方评估机构、高校、学者对高校绩效评价持赞同意见。随着《国家中长期教育改革与发展规划纲要（2010—2020 年）》的颁布，应该对高校进行绩效评价的观点越来越获得共识，并且许多地方政府将高校绩效评价作为管理高校的手段，并作为对高校拨款的重要依据，如上海、江苏、重庆等省市都不同程度与范围地开展了高校绩效评价。还有许多高校也加强了对本校的绩效评价。

2. 绩效评价的指标还可修正，尤其是产出指标

对绩效评价的意见主要集中于指标的确定，而对指标确定的意见主要集中于产出指标，主要有两点：第一，产出指标中科研的分量过重，反映教学的指标不足；第二，规模数量的指标偏重，反映质量的指标不足。

3. 绩效评价的周期可适当拉长

由于投入与产出之间存在一个时间差，所以，并非当年投入就能反映在当年产出中，比如基建等投入。采用 3 年时间内的投入与产出进行绩效评价似乎还是显得时间周期量不够，还应拉长。

4. 绩效评价还应对不同类型高校的特点有所反映

在 72 所教育部直属高校中应根据办学类别不同，分为综合、理工、农林、医药、语言、财经、政法及艺术等不同类型进行绩效评价。对于不同类型高校，衡量其产出的指标应有所区别。

第二节　2011 年高校绩效评价

2009 年第一次高校绩效评价的结果及高校绩效评价行为本身，引发了

人们对高校绩效评价的热烈反响与反应。针对集中反映出来的意见，2011年对绩效指标进行了修订，并对直属高校进行了第二次绩效评价（命名为试测二）。

一、2011 年调整产出指标

针对反馈意见，2011 年集中调整产出指标，投入指标暂不变。

1. 增加了反映教学产出的指标

增加了四个反映教学质量的指标：“优势学科数”、“特色专业数”、“精品课程数”、“规划教材数”。这些指标虽不是体现学生发展本身的最终指标，但学科、专业、课程、教材作为人才培养的载体和条件，可以间接反映出一所学校的人才培养条件和质量。优势学科、特色专业、精品课程、规划教材的发展水平，更能体现出学校的师资力量、教学条件、学术基础、学科发展前景、教学管理水平。另外，这一指标的数据易于采集。

例如，建设高等学校特色专业是优化专业结构，提高人才培养质量，办出专业特色的重要措施，是通过改革人才培养方案、强化实践教学、优化课程体系、加强教师队伍和教材建设等途径来实现的。精品课程建设是“质量工程”的重要组成部分，是实施“质量工程”、提高教学质量的一项重要举措，也是“质量工程”的部分成果体现。国家精品课程作为综合示范性课程，其核心是解决好课程内容建设问题，其目的是要倡导教学方法的改革和现代化教育技术手段的运用，鼓励使用优秀教材，提高实践教学质量，发挥学生的主动性和积极性，培养学生的科学探索精神和创新能力，实质上体现的是学校教师队伍的教学水平、把学术研究成果转化为教学内容的能力、运用先进教学方法的能力、教材建设能力、实验建设水平、教学管理水平等，而这些都与人才培养过程密不可分，与人才培养质量息息相关。

2. 增加了反映科研论文质量的指标

增加了两个反映论文质量的指标：“CSSCI 与人文社会科学发表论文数之比”和“自然科学国外刊物发表论文数与其论文总数之比”。将这两个指标作为检验科研论文产出质量的指标，与反映科研产出的绝对数量指标同时使用。

3. 删除“百篇优秀博士学位论文数”指标

鉴于一些高校认为百篇优博论文评选的客观性还不够强，似乎难以真实反映博士生培养的质量和水平，此次暂将其删除。

依据上述三方面的调整思路，再次对指标经过典型相关及聚类分析之后（分析过程略），形成第二次确定的绩效评价指标体系，见表3－6。

表3－6 2011年修订后的高校绩效评价操作指标

投入指标（12个）	产出指标（18个）
校本部教职工总数	当量在校生数
博士学历教师占专任教师比例	当量学历在校留学生数
副高以上教师占专任教师比例	规划教材数
研究与发展全时人员数	精品课程数
	特色专业数
	优势学科数
教育经费总额	国外学术刊物发表论文数
科研经费总额	国际会议提交论文数
其他经费投入	CSSCI与人文社科论文总数比
本年完成基建投资总额	自然科学国外学术刊物论文数与其论文总数比
	出版专著数
	国家最高科技奖特等奖数
	国家三大科技一等奖数
实验室（实习场所）面积	国家三大科技二等奖数
图书馆面积	省部级科学研究与发展成果奖数
教室面积	
图书册数	国家级项目验收数
	技术转让当年实际收入金额
	专利出售当年实际收入金额

注：教育/科研经费总额为教育/科研经费拨款与教育/科研事业收入之和。

二、2011 年将评价周期调整为 5 年

不少高校认为，一方面，高校投入存在大小年，很可能在 3 年评价年限中，某些高校正处于投入大年，这会极大影响其产出和绩效；另一方面，高校的当年投入并不能完全在当年产出中得以体现，绩效评价年限应该充分考虑到产出的滞后性。为此，2011 年运用调整后的绩效评价指标，采集 2006—2010 年 5 年的数据，对直属高校进行了第二次绩效评价，以尽量淡化时间变量给高校造成的产出滞后影响。

三、2011 年直属高校的投入、产出得分

2011 年第二次高校绩效评价的方法和运算过程同 2009 年，依然运用主成分分析法模型测算各直属高校 2006—2010 年的投入、产出综合得分及绩效得分。此次评价结果没有公开，而是以个性化分析报告的方式，针对 69 所直属高校（不含三所艺术类高校）的绩效评价状况撰写了“高校绩效评价报告”，分别寄给 69 所直属高校的校长，以作参考。

同 2009 年一样，2011 年的绩效评价中，直属高校的绝对产出排序与绩效评价排序之间仍然不一一对应。产出绝对量或投入绝对量排序靠前的，绩效不一定偏高，反之亦然。

第三节　绩效评价测试结果的比较

2009 年、2011 年分别进行的两次直属高校绩效评价，显示了“不同指标不同年限”高校绩效评价结果的不同，为了比较“相同指标不同年限”、“不同指标相同年限”绩效评价结果的异同，按照 2009 年未修订指标，用同样的方法对教育部直属高校进行了 2006—2010 年 5 年的绩效评价试测（命名为试测三），以深入探讨指标、年限这两个因素对高校绩效评价结果的影响。

针对三次试测（试测一、试测二、试测三）进行比较，分析在指标、年限两个要素不同组合的条件下，高校绩效评价结果的稳定性或一致性状况，进而

为指标、年限的选择与确定提供依据。其中，试测一与试测三的比较，显示“相同指标不同年限”的绩效评价差异；试测一与试测二的比较，显示“不同指标不同年限”的绩效评价差异；试测二与试测三的比较，显示“不同指标相同年限”的绩效评价差异。三所艺术类高校依然不纳入分析之中。

比较分析要素包括以下几个方面：1. 三次试测中各类绩效(“绩效偏高”、“绩效相当”、“绩效偏低”）的学校数量分布。主要通过不同类别绩效矩阵中学校分布总数比较来反映，从中可以看出三次试测在绩效评价结果上的总体稳定状况。2. 三次试测中各类绩效的不变学校数量分布。主要通过不同绩效类别中保持稳定不变的高校数量来反映三次试测对高校绩效稳定状况的影响。3. 三次试测中整体绩效得分排名前 10 的学校重合状况。主要通过三次试测中绩效得分排名前 10 的学校来反映三次试测的一致性状况。4. 三次试测中各类绩效的变动学校数量及类型分布。主要通过不同绩效类别中新增或退出的学校类型来反映不同测试对学校类型变动的影响状况。5. 三次试测中指标与综合得分的相关程度显著性检验。主要通过投入、产出指标分别与投入、产出综合得分的相关系数检验来反映不同指标对绩效的影响程度。

一、三次试测在各类绩效层次中的学校分布总数基本相当

三次试测结果中各类绩效评价矩阵的学校分布数见图 3 -3。

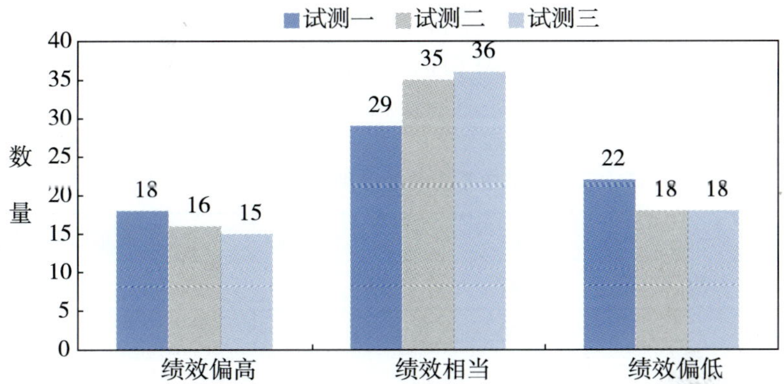

图 3 -3　三次试测结果中不同绩效类别的高校数量分布

从图3－3可以看出，三次测试中，分布在“绩效偏高”、“绩效相当”、“绩效偏低”这三类绩效层次的高校数量的差距基本上小于5所，仅试测一在“绩效相当”类的数量略高于5所。其中，绩效偏高类中，数量最多的试测一占69所高校总数的26.09%（总数不包括3所艺术类高校，以下同），数量最少的试测三占总数的21.74%；绩效相当类中，数量最多的试测三占总数的52.17%，数量最少的试测一占总数的42.03%；绩效偏低类中，数量最多的试测一占总数的31.88%；相同数量的试测二和试测三均占总数的26.09%。三次试测中分布在三类绩效类别中的学校数量差异不大。

同时，我们采用百分比同质性检验。利用卡方分析进行百分比同质性检验，以对三次试测中各绩效类别之间存在的差异性进行验证。卡方分析基本原理是：假设两个类别变量相互独立，互不关联。统计上称为原假设；对于获得的两个变量的数据，用一个表格的形式来表示它们的分布（频数和百分数），这里频数叫观测频数，这种表格叫列联表；如果原假设成立，在此前提下可以计算出列联表中每个格子的频数应该是多少，称之为期望频数；比较观测频数与期望频数的差，如果两者的差越大，说明实际情况与原假设差距较大；差越小，说明实际情况与原假设越相近。这种差值用卡方统计量表示。对卡方值进行检验，如果卡方检验的结果不显著，则不能拒绝原假设，即两变量是相互独立、互不关联的；反之则拒绝原假设，即两变量间存在某种关联。卡方检验结果显示，本研究中皮尔逊卡方值为0，自由度为4，p值为1，未达到0.05的显著性水平，表示三种试测结果获得的不同绩效类别的高校数量分布之间没有显著差异，见表3－7。

表3－7　三次试测中不同绩效类别高校数差异的卡方检验

	值	自由度	P值（双尾）
皮尔逊卡方值	0.000[a]	4	1.000
似然比	0.000	4	1.000
线性和线性组合	0.000	1	1.000
有效样本数	9		

二、三次试测在各类绩效层次的不变学校数基本相当

通过对三次测试中不同绩效类别保持稳定不变的高校数量进行统计，可以呈现直属高校绩效在不同评价中的稳定状况，见图 3－4。

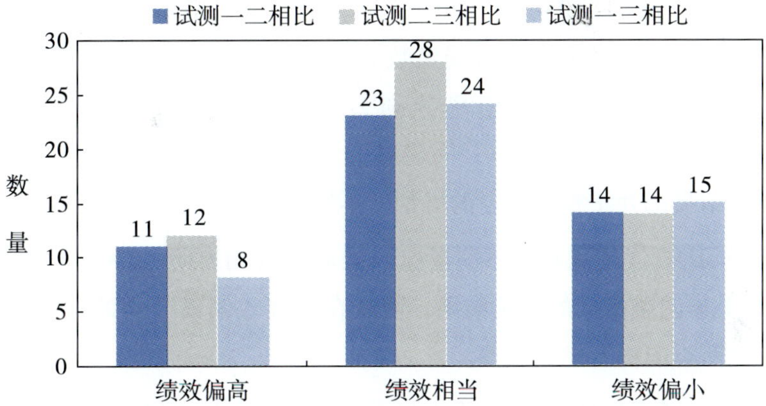

图 3－4　三次试测中不同绩效类别保持稳定不变的高校数量分布

总体而言，三次试测在各类绩效层次上不变学校的数量差异不同。同时，运用卡方检验进行百分比同质性检验的结果显示，三次试测中各绩效类别不变学校数值之间的差异性不显著。在总体差异不显著的情况下，不变学校在三次试测之间稳定状况分析如下。

（一）比较“相同指标不同年限”的两套试测表明，60%—80% 学校的绩效评价结果所处类别基本稳定，评价周期调整对学校绩效评价结果的影响较小

将试测一和试测三的绩效评价结果进行比较，可以观察相同指标下，不同评价年限对评价结果的影响。统计显示，试测一和试测三在“绩效偏高”、“绩效相当”、“绩效偏低”类别的学校稳定数分别为 11 所、23 所、14 所；结合图 3－3 可以算出它们的稳定率分别为 61.11% 与 68.75%、79.31% 与 65.57%、63.64% 与 77.78%，都超过了 60% 以上，说明大多数学校的绩效评价结果都处于相对稳定的类别，评价周期对结果的影响较小。

（二）比较"相同年限不同指标"的两套试测表明，60%—80%学校的绩效评价结果所处类别基本稳定，评价指标调整的影响较小

将试测三与试测二的绩效评价结果进行比较，可以观察到相同年限下，不同指标的评价对评价结果的影响。统计显示，将试测二和试测三的绩效评价结果进行比较发现，试测三与试测二在"绩效偏高"、"绩效相当"、"绩效偏低"类别的学校稳定数分别为12所、28所、14所；结合图3－3可以算出它们的稳定率分别为75.00%与80.00%、77.78%与77.78%、77.78%与77.78%，都超过了75%以上。这说明大多数学校的绩效评价结果都处于相对稳定的类别，不同指标带来的影响较小。

（三）比较"不同年限不同指标"的两套试测表明，2009年的测试结果与2011年调整指标的测试结果，两者在"绩效偏高"类的稳定率偏低，但在其他两类的稳定率比较高。

如上所证年限对绩效评价没有显著影响，那么将2009年的绩效评价与2011年的绩效评价结果（试测一与试测二）进行比较，可以发现，一半以上的学校在绩效类别上呈现稳定性，尤其是在"绩效相当"、"绩效偏低"类别上，有66%—83%之间的学校处于绩效稳定状态。具体而言，试测一与试测二在"绩效偏高"、"绩效相当"、"绩效偏低"类别的不变学校数分别为8所、24所、15所。结合图3－1可以算出它们的稳定率分别为44.44%与53.33%、82.76%与66.67%、68.18%与83.33%，大都超过了50%以上。说明这两套评价指标的测试结果有较好的稳定性，其中"绩效偏高"上的弱稳定性有待进一步分析。

三、三次试测中各类绩效层次的变动学校数量及类型分布

变动学校表示不同绩效类别中新增或退出的学校数量及类型，借此可以看出不同切入点测试中哪类学校变动比较大。根据《高等教育基层统计报表》办学类别划分标准，教育部69所直属高校（不含3所艺术类高校）可以分成三大类：综合类（22所）、理工农林医类（32所）、师范语文财经政法类（15所）。三次试测结果相比的变动高校数量及类别分布情况见表3－8。

表 3－8　三次试测中各类绩效层次的变动学校数量及类型分布

	变动高校总数	综合类	理工农林医类	师范语文财经政法类
试测二较试测一	20	6	10	4
试测三较试测一	22	7	12	3
试测三较试测二	15	3	8	4

注：不同绩效类别存在重复的高校不重复计数。

三次试测的变动学校数都不多，且卡方检验结果显示，三次试测中各绩效类别的变动数之间的差异不显著。总体看，试测二与试测三之间变动学校的数量整体偏小；但三次试测中理工科类学校的变动偏大。说明，指标与年限的调整，对理工科类高校的影响相比而言略大一些。

具体而言，相同指标不同年限的试测三和试测一的变动数为 20 所，变动率为 28.99%；不同指标不同年限的试测二和试测一的变动数为 22 所，变动率为 31.88%；不同指标相同年限的试测三和试测二的变动数为 15 所，变动率为 21.74%。

从变动学校类型看，理工农林医类高校变动数量最多，变动范围在 8—12 所之间，变动率为 25.00%—37.50%；综合类高校变动数量范围在 3—7 所之间，变动率为 13.64%—31.82%；师范语文财经政法类高校变动数量最少，仅有 3—4 所，变动率为 20.00%—26.67%。

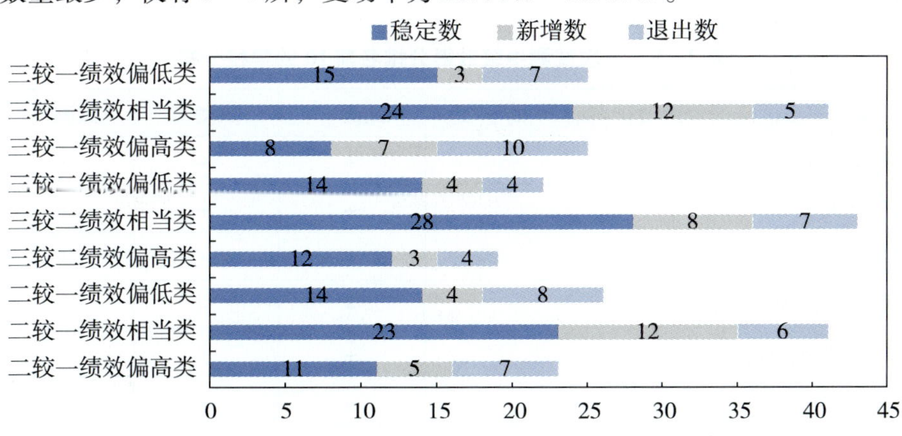

图 3－5　三次试测结果中不同绩效类别高校流动数量变化情况

将试测三和试测二的绩效评价结果进行比较可以看出，试测二中“绩效偏高”类有15所高校比试测三（16所）减少1所；试测二中“绩效相当”类有36所高校比试测三（35所）增加1所；试测二中“绩效偏低”类有18所高校与试测三结果持平。试测二较试测三，“绩效偏高”类中，保持稳定的有12所；新增加3所；退出4所。“绩效相当”类中，保持稳定的有28所；新增加8所；退出7所。“绩效偏低”类中，保持稳定的有14所；新增加4所；退出4所。

将试测一和试测二的绩效评价结果进行比较可以看出，试测二中“绩效偏高”类有15所高校比试测一（18所）减少3所；试测二中“绩效相当”类有36所高校比试测一（29所）增加7所；试测二中“绩效偏低”类有18所高校比试测一（22所）增加4所。试测二较试测一，“绩效偏高”类中，保持稳定的有8所，新增加7所，退出10所。“绩效相当”类中，保持稳定的有24所；新增加12所；退出5所。“绩效偏低”类中，保持稳定的有15所；新增加3所；退出7所。

四、三次试测中绩效得分排名前10的学校有较高重合率

通过不同试测中的产出综合得分和投入综合得分之比所得的绩效得分，可以看出，三次试测中绩效得分排名前10的学校重合状况，见表3－9。

表3－9　三次试测中绩效得分排名前10的学校分布

覆盖三次试测绩效得分排名前10的学校	试测一	试测二	试测三
清华大学	+	+	+
北京大学	+	+	+
东北大学	+	+	+
中国人民大学	+	−	−
电子科技大学	+	+	+
复旦大学	+	+	+
北京语言大学	+	+	+

续表

覆盖三次试测绩效得分排名前 10 的学校	试测一	试测二	试测三
中南大学	+	−	−
浙江大学	+	+	+
北京科技大学	+	+	−
华中农业大学	−	−	+
山东大学	−	+	+
天津大学	−	+	+

进入三次试测中的前 10 名的学校共 13 个，其中，三者均重合的学校有 7 所，重合率为 53.85%。不同指标相同年限的试测二和试测三的重合数为 9 所，两者的重合率为 81.82%，相同指标不同年限的试测一和试测二的重合数为 8 所，两者的重合率为 69.23%。

五、三次试测中与综合得分相关系数较高和最低的指标相对集中

通过计算投入综合得分、产出综合得分以及绩效整体得分（产出综合得分/投入综合得分）三类分值与投入、产出指标之间的相关系数，可以初步分析出对综合得分影响较大或较小的指标。

（一）三次试测中与产出、投入的综合得分相关系数偏高和偏低的指标

相关系数检验显示，与投入综合得分相关系数高于 0.7 的投入指标在三次试测中都相对集中，但与产出综合得分相关系数高于 0.7 的产出指标则呈现试测一与试测三相对集中，但试测一与试测二、试测三与试测二都较分散的状况，见表 3 – 10。

表 3－10　三次试测中投入/产出指标与其对应综合得分的相关系数显著性检验

相关系数超过0.7的投入指标	试测一	试测三	试测二	相关系数超过0.7的产出指标	试测一	试测三	试测二
教育经费总额	0.957	0.949	0.949	国家三大奖二等奖数	0.816	0.792	0.750
校本部教职工数	0.889	0.894	0.894	百篇优秀博士学位论文数	0.807	0.798	
研究与发展全时人员数	0.875	0.891	0.891	国外学术刊物发表论文数	0.739	0.755	0.792
图书册数	0.864	0.868	0.868	当量在校生数	0.729		0.696
科研经费总额	0.863	0.849	0.849	国际学术会议提交论文数	0.724	0.747	0.767
实验室（实习场所）面积	0.843	0.835	0.835	省部级科学研究与发展成果奖获奖数	0.720		
其他经费投入	0.726			技术转让当年实际收入	0.719	0.741	
				国家级项目验收数		0.706	0.739
				精品课程数			0.737
相关系数低于0.5的投入指标	试测一	试测三	试测二	相关系数低于0.5的产出指标	试测一	试测三	试测二
本年完成总额投资基建	0.458	0.373	0.373	国家最高科技奖特等奖数	0.199	0.252	0.221
				国家三大科技奖一等奖数		0.374	
				特色专业数			0.236
				优势学科数			0.296

注：相关系数检验均显示为 $p<0.01$。

由于三次试测的投入指标均未发生变化，因此，投入指标与投入综合得分相关系数高于0.7的投入指标十分集中，排在前6位的均为教育经费总额、校本部教职工数、研究与发展全时人员数、图书册数、科研经费总额、实验室（实习场所）面积；而相对排在后三位的投入指标均是博士学历教师占专任教师比例、教室面积、本年完成基建投资总额。

从三次试测统计分析看，与产出综合得分相关系数高于0.7的产出指标有3项最为集中，分别是国家三大奖二等奖数、国外学术刊物发表论文数、国际学术会议提交论文数。就2011年指标而言，国家级项目验收数和精品课程数的相关程度也比较高；而与产出综合得分相关系数低于0.5，也即相对排在末位的产出指标是国家最高科技奖特等奖数；2011年指标试测中增加的优势学科数和特色专业数指标也在末位之列。

（二）三次试测中与绩效整体得分相关系数偏高和偏低的指标

绩效得分与各投入、产出指标的相关系数显著性检验结果见表3-11。在三次试测中与绩效整体得分相关显著、位列前5位的投入指标是科研经费收入、教育经费收入、校本部教职工总数、实验室(实习场所)面积、研究与发展全时人员数。但图书馆面积、本年完成基建投资总额这两项投入指标，在三次试测中与绩效整体得分的相关性均不显著；“副高以上教师占专任教师比例”、“教室面积”两项指标在试测一中与绩效得分有显著相关，但在试测二、试测三中与绩效得分均无显著相关。

三次试测中与绩效整体得分相关度高的产出指标相比投入指标而言显得较为离散。其中，位列前5位的产出指标最为集中的是国家级项目验收数，其次是当量学历在校留学生数、国家三大奖二等奖数、百篇优秀博士学位论文数；列在末位的产出指标最为集中的是国家最高科技奖特等奖数，其次是出版专著数。2011年新增指标精品课程数、CSSCI与人文社科论文比例以及国外学术期刊发表论文数与自然科学论文数比例三个指标对绩效得分的影响都比较大，但特色专业数与优势学科数两个指标的相关性却不显著（表3-11）。

表 3－11 绩效得分与投入或产出指标的相关系数显著性检验

投入指标	试测一	试测二	试测三	产出指标	试测一	试测二	试测三
校本部教职工总数	0.305**	0.199**	0.199**	当量在校生数	0.383**	0.219**	0.136**
博士学历教师占专任教师比例	0.152*	0.128**	0.128**	当量学历在校留学生数	0.364**	0.473**	0.328**
副高以上专任教师占专任教师比例	0.125*	0.085	0.085	国外学术刊物发表论文数	0.308**	0.255**	0.184**
研究与发展全时人员数	0.285**	0.190**	0.190**	国际学术会议提交论文数	0.380**	0.298**	0.223**
科研经费总额	0.380**	0.302**	0.302**	出版专著数	0.183**	0.190**	0.103*
教育经费总额	0.300**	0.234**	0.234**	国家最高科技奖特等奖数	0.158*	0.194**	0.129**
实验室（实习场所）面积	0.292**	0.191**	0.191**	国家三大科技奖一等奖数	0.369**	0.256**	0.191**
图书册数	0.178**	0.110*	0.110*	国家三大奖二等奖数	0.454**	0.338**	0.193**
图书馆面积	0.048	－0.023	－0.023	省部级科学研究与发展成果奖数	0.412**	0.221**	0.129**
教室面积	0.117*	0.035	0.035	技术转让当年实际收入金额	0.357**	0.349**	0.217**
其他经费投入	0.186**	0.134**	0.134**	专利出售当年实际收入金额	0.268**	0.306**	0.191**
本年完成投资总额	0.091	0.017	0.017	国家级项目验收数	0.460**	0.312**	0.245**
				百篇优秀博士学位论文数	0.423**	0.355**	
				CSSCI 与人文社科论文比例			0.291**

续表

投入指标	试测一	试测二	试测三	产出指标	试测一	试测二	试测三
				国外学术刊物发表论文数与自然科学论文数比例			0.131**
				精品课程数			0.245**
				特色专业数			0.000
				优势学科数			0.054

注：* 表示 $p<0.05$；** 表示 $p<0.01$。

通过三次试测结果的分析可以发现，就2009绩效指标和2010绩效指标这两套指标进行的绩效评价而言，直属高校在投入、产出综合得分及排序上与常规认知基本一致，但在绩效分类上却有所不同。

（三）对综合得分影响较大的指标

通过计算投入/产出综合得分与相应投入/产出指标标准化数值的相关系数并进行检验，可以大概获知对投入/产出综合得分影响较大的指标。上述三种试测结果中，投入/产出指标标准化数值与投入/产出综合得分的相关系数检验结果见表3－12、表3－13、表3－14。

表3－12　试测一相关系数检验

投入指标	与投入综合得分相关系数	产出指标	与产出综合得分相关系数
教育经费总额	0.957**	国家三大奖二等奖数	0.816**
校本部教职工总数	0.889**	百篇优秀博士学位论文数	0.807**
研究与发展全时人员数	0.875**	国外学术刊物发表论文数	0.739**
图书册数	0.864**	当量在校生数	0.729**
科研经费总额	0.863**	国际学术会议提交论文数	0.724**
实验室（实习场所）面积	0.843**	省部级科学研究与发展成果奖数	0.720**

续表

投入指标	与投入综合得分相关系数	产出指标	与产出综合得分相关系数
其他经费投入	0.726**	技术转让当年实际收入金额	0.719**
副高以上教师占专任教师比例	0.691**	国家级项目验收数	0.654**
图书馆面积	0.668**	出版专著数	0.559**
博士学历教师占专任教师比例	0.612**	国家三大奖一等奖数	0.535**
教室面积	0.561**	当量学历在校留学生数	0.533**
本年完成基建投资总额	0.458**	专利出售当年实际收入金额	0.505**
		国家最高科技奖特等奖数	0.199*

注：** 表示 $p<0.01$；* 表示 $p<0.05$。

表 3-13 试测二相关系数检验

投入指标	与投入综合得分相关系数	产出指标	与产出综合得分相关系数
教育经费总额	0.949**	百篇优秀博士学位论文数	0.798**
研究与发展全时人员数	0.894**	国家三大科技奖二等奖数	0.792**
校本部教职工总数	0.891**	国外学术刊物发表论文数	0.755**
图书册数	0.868**	国际学术会议提交论文数	0.747**
实验室（实习场所）面积	0.849**	技术转让当年实际收入金额	0.741**
科研经费总额	0.835**	国家级项目验收数	0.706**
副高以上教师占专任教师比例	0.691**	省部级科学研究与发展成果奖数	0.671**

续表

投入指标	与投入综合得分相关系数	产出指标	与产出综合得分相关系数
图书馆面积	0.679**	当量在校生数	0.652**
其他经费投入	0.669**	当量学历在校数	0.640**
博士学历教师占专任教师比例	0.623**	专利出售当年实际收入金额	0.601**
教室面积	0.567**	出版专著数	0.592**
本年完成基建投资总额	0.373**	国家三大科技奖一等奖数	0.374**
		国家最高科技奖特等奖数	0.252**

注：** 表示 $p<0.01$；* 表示 $p<0.05$。

表 3－14　试测三相关系数检验

投入指标	与投入综合得分相关系数	产出指标	与产出综合得分相关系数
教育经费总额	0.949**	国外学术刊物发表论文数	0.792**
研究与发展全时人员数	0.894**	国际学术会议提交论文数	0.767**
校本部教职工总数	0.891**	国家三大科技奖二等奖数	0.750**
图书册数	0.868**	国家级项目验收数	0.739**
实验室（实习场所）面积	0.849**	精品课程数	0.737**
科研经费总额	0.835**	当量在校生数	0.696**
副高以上教师所占专任教师比例	0.691**	省部级科学研究与发展成果奖数	0.692**
图书馆面积	0.679**	技术转让当年实际收入金额	0.661**
其他经费投入	0.669**	当量学历在校留学生数	0.651**
博士学历教师占专任教师比例	0.623**	出版专著数	0.601**
教室面积	0.567**	专利出售当年实际收入金额	0.551**
本年完成基建投资总额	0.373**	规划教材数	0.495**

续表

投入指标	与投入综合得分相关系数	产出指标	与产出综合得分相关系数
		国外学术刊物发表论文数与自然科学论文数比例	0.473**
		CSSCI 发表论文数与人文社科论文数比例	0.441**
		国家三大科技奖一等奖数	0.344**
		优势学科数	0.296**
		特色专业数	0.236**
		国家最高科技奖特等奖数	0.221**

注：** 表示 $p<0.01$；* 表示 $p<0.05$。

由于三次试测的投入指标均相同，所以三次试测结果中与投入综合得分相关系数排在前三位的指标分别是教育经费总额、校本部教职工总数、研究与发展全时人员数。与试测一和试测二的产出综合得分相关系数排在前三位的指标分别是百篇优秀博士学位论文数、国家三大科技奖二等奖数、国外学术刊物发表论文数。与试测三的产出综合得分相关系数在前三位的指标分别是国家三大科技奖二等奖数、国外学术刊物发表论文数和国际学术会议提交论文数。

比较分析显示，三次试测的结果在许多方面都显示出了较好的稳定性与一致性，表明年限对绩效评价影响不大，但指标对其有一定的影响。具体而言，相同指标不同年限、相同年限不同指标的绩效评价结果具有一定的稳定性。大多数直属高校的绩效结果在这两套指标、两种年限不同的测试中的位次基本保持一致，但仍然有部分高校的绩效排序发生了变化。其中，2009 年指标 5 年试测与 3 年试测结果、2009 年指标 5 年试测与 2011 年指标 5 年试测结果，都具有较强的稳定性；但 2009 年指标 3 年试测与 2011 年指标 5 年试测结果虽具有一定的稳定性，但在“绩效偏高”类别中稳定性偏弱，存在较大的变化。

可以看出，基于不同指标、年限的高校绩效评价测试结果存在一定差异，但也有较多的一致性。这至少从方法与技术层面反映出高校绩效评价的可行性，当然，指标还需要进一步完善。

第四章

2012年高校绩效评价：调查分析与指标调整

前期测试及结果比较从量化分析角度反映了绩效评价的可行性，但还需要从质性角度反映绩效评价对象对绩效评价的认可状况。本章分析对直属高校进行2011年绩效评价结果及指标等问题的调查反馈，据此再次调整指标并进行第三次绩效评价。此次评价年限为2007—2011年5年。

第一节　2011年高校绩效评价的调查

为了更好地了解高校对绩效评价的看法和意见，深化指标与方法的研究，2011年就绩效评价采用的指标、方法、权重等内容对69所高校（不含三所艺术类高校）进行调查，并对此次调查结果进行统计与分析。

一、高校绩效评价的调查及统计

69所教育部直属高校有18所高校反馈了问卷，同时还有17所高校以座谈、电话、来人咨询等方式交换了意见。最终共计35所高校对《绩效评价报告》给予了反馈，意见整理如下。

（一）关于投入指标的意见

对投入指标的意见反馈按照人力、财力、物力三个投入指标维度进行归纳呈现。

1. 人力投入指标

在人力投入方面，一些高校反映，现有指标中，“拥有博士学历的教师占专任教师比例”以及“具有副高以上职称的教师占专任教师比例”均把“专任教师”放在了分母的位置，这样的设计可能会使“比例低”的学校在“产出/投入”绩效得分上反而较高，因此不符合高校绩效评价的原则。另外，由于历史原因和体制因素导致的“大而全”现状，一些后勤服务部门也纳入“校本部教职工总数”指标统计范畴，高校绩效评价时，应考虑除去这部分人员为宜。有高校建议在人力投入指标中改用“管理部门员工总数”或“专任教师总数”、“拥有博士学位的教师总数”、“拥有副高以上职称的教师总数”作为评价指标。

2. 财力投入指标

在财力投入方面，一些高校认为，“教育经费总额”和“科研经费总额”均应区分为“国家下拨”和“自筹”两种类别。国家下拨经费应列入投入指标，而学校自筹部分则应考虑列入产出指标，其原因在于自筹经费往往是高校间竞争的结果。另外，“本年完成基建投资总额”指标不能在当年产出绩效且会受到高校建新校区等专项项目的影响，还要在以后若干年度进行折旧分摊，所以较不稳定，建议取消。如果一定要把基础建设投资成果在投入中予以体现，则建议将“年度固定资产折旧总额”作为物力投入指标，或是改为“仪器设备总额”。

3. 物力投入指标

在物力投入方面，有高校提出建议增加“年度固定资产折旧总额”指标（理由如前所述），并且建议将网络时代特有的“数据库”投入量以及校园有线上网和无线上网的投入情况纳入评价指标体系。表 4 - 1 显示的是 18 所问卷反馈高校对投入指标的意见汇总。

表 4－1 2011 年 18 所直属高校的问卷反馈中关于投入指标的意见统计

投入指标（14 个）		建议使用	建议删除	建议修改或增补
人力投入	校本部教职工总数	16	2	校本部专任教师总数；外籍教师数
	博士学历教师占专任教师比例	17	1	博士学历教师总数；海外博士教师比例
	副高以上职称教师占专任教师比例	15	3	副高以上职称教师总数
	研究与发展全时人员数	16	2	学校自行上报的数据可能不太客观
财力投入	教育经费总额	17	1	需区分“国家下拨”和“自筹”
	科研经费总额	17	1	
	其他经费投入	16	2	
	本年完成基建投资总额	15	3	较不稳定，建议取消
物力投入	实验室（实习场所）面积	18	0	
	图书馆面积	17	1	数据库投入和校园网投入
	教室面积	18	0	多媒体教室
	图书册数	18	0	年增加图书册数

（二）关于产出指标的意见

对产出指标的意见反馈按照人才培养、科学研究、社会服务三个产出指标维度进行归纳呈现。

1. 人才培养产出指标

针对人才培养方面的产出指标，一些高校建议把“就业率”、“优质就业率”、“深造率”、“本科生和研究生科研成果及获奖情况”、“学校开课门数”和“教授上课比例”等都纳入考虑范围。另外，指标体系中的“规划教材数”、“精品课程数”、“特色专业数”和“优势学科数”只是人才培养的部分过程指标，应该将其权重控制在一定的范围之内。再有，重点学科数、特色专业数等并不是“终极”的产出指标，而只是人才培养等“终极”产出指标的生产平台，不适于作为产出指标，也有重复之嫌。许多高校都提出，如果在评价中要考虑“优势学科数”内容，建议替换为“ESI 前 1% 学科数”，这是国际性的评价指标，相对比较客观。而“百篇优秀博士学位论文数”还是能够反映博士生的培养质量，应该沿用。

2. 科学研究产出指标

针对科研产出方面的评价指标，一些高校认为，“CSSCI 期刊论文数与人文社科论文总数比”和“自然科学国外发表学术刊物论文数与其论文总数比”指标的设计，有否定和排挤“非 CSSCI 人文社科论文”和“国内自然科学学术刊物论文”之嫌。而且，产出指标应该是绝对值指标，建议直接使用“国外学术刊物发表论文数（或三大检索论文发表数）”或“CSSCI 论文数”等指标。另外，“科研产出”还应该考虑不同级别的科研项目数和科研经费总额，各种科技奖也应该折合成“当量数”来体现。

3. 社会服务产出指标

针对社会服务方面的产出指标，一些高校认为，产出指标应该更多着眼对社会的贡献，比如专利、获奖、转化收入等，而不是强调学校拥有什么。只考虑技术转让和专利出售的有偿服务过于狭窄，不能表达高校社会服务的内涵。“高校举办的各种社会培训”、“被国家和省部市采用的咨询报告和决策建议数”、“学校主办的刊物数”以及“教师任国际刊物的编委数”等均可纳入社会服务指标范围。另外，还可以补充一些反映高校对社会的无偿服务的指标。

此外，农林类高校认为绩效指标未能很好地反映出农林类高校在社会服务上的办学效益，建议可对农林类院校进行单独评价，其中有关社会服务的产出可纳入以下 4 项指标：选育的动植物新品种数量、社会服务人员投入数量、社会服务为企业或农民产生的直接经济效益、技术培训人员数量，等等。

表 4－2 是 18 所高校通过问卷对产出指标的意见汇总。

表 4－2　2011 年 18 所直属高校在问卷反馈中关于产出指标的意见

产出指标（22 个）		建议使用	建议删除	建议修改或增补
教学产出	当量在校生数	18	0	建议含学历留学生数；补充校均指标
	当量学历在校留学生数	17	1	
	百篇优秀博士学位论文数	16	2	继续沿用
	规划教材数	16	2	增加教学名师、教学团队
	精品课程数	17	1	
	特色专业数	16	2	增加重点专业数
	优势学科数	14	4	增加入选 ESI 学科全球前 1%学科数
	国外学术刊物发表论文数	18	0	改为 SCI \ EI \ SSCI 收录论文数
	国际学术会议提交论文数	15	3	ISTP 录用论文数；增加国际论文被引用次数
	CSSCI 与人文社科论文总数比	17	1	改为 CSSCI 论文数
	自然科学国外学术刊物论文数与其论文总数比	16	2	
	出版专著数	18	0	
	国家最高科技奖特等奖数	17	1	三种合并折算
	国家三大科技奖一等奖数	18	0	
	国家三大科技奖二等奖数	18	0	
	省部级科学研究与发展成果奖数	17	1	增加国家级教学成果奖数

续表

产出指标（22 个）		建议使用	建议删除	建议修改或增补
社会服务产出	国家级项目验收数	15	3	
	技术转让当年实际收入金额	18	0	改为技术开发收入
	专利出售当年实际收入金额	17	1	增横向课题数量和横向经费总额；增被采纳或批示的咨询报告和政策建议

（三）关于指标数据收集、计分及评价方法的意见

在数据采集方面，有高校建议应当尽量减少指标的主观随意性，少用或不用学校自报的数据。比如，“研究与发展全时人员数”、“社科/科技活动人员数”、“自然科学论文总数”、“国外学术刊物论文数”、“国家级项目验收数”以及“鉴定成果数”等由各学校自行上报时数据就可能不太客观。

对于指标权重赋权，18 所寄回反馈意见表的高校中，赞同使用“客观赋权”计算权重的有 8 所，占比 44.4%；赞同使用“主观赋权”计算权重的有 1 所，占比 5.6%；赞同使用“主客观赋权”计算权重的有 9 所，占比 50%。

绝大部分高校赞同同类指标进行合并折算，如获奖数等。在 18 所寄回反馈意见表的高校中，赞同对同类或类似评价指标“不合并折算”的有 5 所，占比 27.8%；赞同对同类或类似评价指标“合并折算”的有 13 所，占比 72.2%。

对于评价方法的选择，在 18 所寄回反馈意见表的高校中，赞同以“主成分分析”作为评价方法的有 12 所（其中，四川大学建议先采用聚类分析，再使用主成分分析），占比 66.7%；赞同以“层次分析法”作为评价方法的高校有 3 所，占比 16.7%；而赞同以“模糊综合评价”作为评价方法的高校有 2 所，占比 11.1%；此外，武汉大学建议采用“多种方法结

合”的方式进行评价。

二、高校绩效评价反馈意见的分析

在调查反馈意见整理基础上，我们召开指标研讨会，分析高校的反馈意见并予以合理吸收，对高校绩效评价指标、方法等做出相应调整与回应。

（一）对投入指标意见的分析

第一，关于“校本部职工总数”指标。高校反馈意见认为，这个指标包含了后勤管理人员，指标过大，但这恰恰是高校绩效评价需要观察的内容。考虑到这一指标比较笼统，不利于进行资源配置分析，尤其是不能看出专任教师、行政、后勤三方面资源在高校人力投入上的配置情况，故将其拆分为“专任教师数”、“行政人员数”和“教辅及工勤人员数”三项指标。

第二，关于“拥有博士学历的教师占专任教师比例”以及“具有副高以上职称的教师占专任教师比例”两项指标。一方面，这两个反映投入质量（高投入）的指标确实存在部分重叠；另一方面各校副高以上职称教师的数量受名额限制，主观性较大。因此，删去此指标。另外，反馈意见中提到，比例值旨在观察投入、产出关系的高校绩效评价中不能如规模数那样更准确地反映绩效，有一定道理。因此，我们将比例值全部替换为规模数。此处将“拥有博士学历的教师占专任教师比例”调整为“具有博士学位专任教师数”。

第三，关于“研究与发展全时人员数”指标。由于高校的产出包括科研成果及其转化的社会服务成果，这必然是与高校投入的科研与研发力量密切相关。“研究与发展全时人员数”表达的是高校投到研发中的人员数，即纯研发人力，基本可以反映研发方面的投入。因此，仍然沿用此指标。

第四，关于经费指标中区分“国拨”和“自筹”（不含学杂费），并将“自筹”部分计入产出的意见。我们认为，就高校的投入与产出总体而言，无论经费来源于哪里，都是学校的财力投入，都会影响学校的产出。在进行基于投入、产出方法的高校绩效评价，应该包括高校的所有财力投入，自然也不应细分经费来源是国拨还是自筹；将“自筹”经费计入产出更是不妥，毕竟绩效评价中观察的产出不是高校筹资能力，而是高校用各种投入转化成的产品。但是考虑到高校对自筹经费计入投入的争议比较大，且自筹经费在高校经费中占据的比例不等。因此，我们暂时搁置“自筹经费”，将它从经费总额中剥离出来，既不计入投入、也不计入产出。

第五，关于“本年完成基建投资总额”指标。高校反馈意见认为，“本年完成基建投资总额”是一个不能准确体现绩效的指标，一是该指标无法在当年产生绩效，二是若干年度会进行折旧分摊，三是与高校建新校区等专项项目相关，没有普遍意义，且相对不稳定，建议取消。这个指标确实凸显了高校投入与产出之间的滞后现象，当年基建方面的投入需要在多年之后才有产出体现，但我们把高校绩效评价的年限从 3 年拉长为 5 年（一个 5 年规划时段）之后，该指标的滞后性可以在很大程度上得到弱化。但为了增大指标的认可度和可接受性，也为了从财力投入角度更直接体现为教学、科研服务的指向，我们删除了“本年完成基建投资总额”指标，将其调整为“教学科研仪器设备值”，该指标也是高校基本办学指标之一。

在物力投入方面，因高校无特别的反馈意见，原有的 4 个评价指标仍保持不变。

（二）对产出指标意见的分析

第一，关于“当量在校生数”和“当量学历在校留学生数”两个指标。高校反馈意见认为，这两个指标中有部分重合。为了尽量减少指标的相互覆盖，我们在计算“当量在校生数”中，不再将“留学生”与“培训生”两个群体纳入折合范围，以避免与“当量学历在校留学生数”以及新增指标“社会培训数”重合。折算方法不变，依然采用教育部统一的折算公式。

第二，关于“优势学科数”指标。高校普遍反映用“ESI 前 1% 的学科数”代替。“优势学科数”的采集来源于最近一次对高校进行的学科评估结果。随着我国高校追求高水平大学以及世界一流大学办学目标的日益清晰与确定，高校学科建设更是成为办学的重中之重。但高校也越发认识到，学科建设的质量与水平不应只在国内高校中进行评价，而应将我国学科放在国际竞争背景下进行比较，通过考察我国高校学科的世界影响力，有助于推动我国高校进一步打开学科建设的视野和平台。2012 年开始实施的“2011 计划”也已把“ESI 前 1% 的学科数”作为了协同创新中心建设的重要条件之一。为此，我们删除“优势学科数”，将其替换为“ESI 前 1% 的学科数”。

第三，关于“百篇优秀博士学位论文数”指标。在 2009 年实施第一次高校绩效评价之后，有学者认为百篇优秀博士学位论文的评选活动发展到今天，已有不少非客观的、非公平的因素浸入，评优论文所体现的教学质量不具有同质性。所以，我们在 2011 年第二次高校绩效评价中删除了此指标。但是在此次高校反馈意见中，许多高校仍然建议采纳此指标，理由是尽管评选活动中可能会有一些主观因素介入，但就全国博士论文的总量而言，入选的百篇优秀博士学位论文仍然可以在相当程度上反映出研究生教学培养的质量，这也是学校大量人力、财力、物力的投入结果。为此，我们再次使用该项指标。

第四，关于“当量国家级教学成果奖获奖数”指标。高校绩效评价在科研产出中使用了“国家三大科技奖获奖数”以反映高校科研产出的质量。为此，许多高校反映应该相应地突出教学成果获奖情况，反映教学产出的质量。加大高校对教学的重视，鼓励高校进行教学改革，是《国家中长期教育改革与发展规划纲要（2010—2020 年）》对高等教育发展的要求。为了更好地体现指标的平衡性以及指标的引导性，我们增加了“当量国家级教学成果奖获奖数”指标，以反映高校在教学工作方面取得的成果。

第五，关于论文或论著产出指标。高校一致认为，不要突出论文数量，要充分体现核心期刊的文章，以反映科研产出的质量，且不使用比例值。对此，一方面我们增加了高校广泛认可并提议的“SCI 期刊论文数”、“EI 期刊论文数”、“SSCI 期刊论文数”以及“CSSCI 期刊论文数”，基本上比较全面地覆盖了文科、理科和工科三大学科类别。但同时，我们认为数量也是应该考虑的重要科研产出内容。一方面，没有数量，难有质量的飞跃与提升，数量是形成质量的重要基础。从投入的角度看产出，也需要关注产出的数量情况；另一方面，期刊级别可以表明论文的质量，但并不是全部与唯一表明论文质量的手段，在鼓励研究者在高级别期刊发表研究成果的同时，也不能忽略和降低非核心期刊发表数，以及大量或许并未公开发表的课题研究结题报告等研究成果的产出价值。为此，我们保留和增加了“出版专著数”及“发表论文总数”、“ 研究与发展课题数”三个指标。

另外，采纳高校反馈中建议把国家科技奖获奖数进行折合计算的意见，将“国家最高科技奖特等奖数”、“国家三大科技奖一等奖数”和“国家三大科技奖二等奖数”合并为“当量国家科技奖获奖数”。

第六，关于“国家级项目验收数”指标。不少高校提出该指标已经过时，应该取消。经过数据比较，我们发现该项指标对评价单元的敏感性不足，且也与我们新增的“研究与发展课题数”会有部分重合。为了能够更好地反映高校对社会、对国家的服务情况，在已经采用“技术转让当年实际收入金额”和“专利出售当年实际收入金额”两个偏重应用性社会服务的指标情况下，我们删除了“国家级项目验收数”指标，增加了“研究报告采纳数”和“社会培训数”两个指标。

这两个指标反映了高校服务的多元性，丰富了高校社会服务产出的内涵，即高校社会服务不仅是应用性科研成果的转化与使用，还包括为决策服务和为社会提供培训服务等内容。“研究报告采纳数”更多反映高校为国家或地区决策服务的情况，且指标对文科学校有一定偏好，可以对过于偏好理工科的技术转让和专利出售指标形成补充与平衡。“社会培训数”可以反映高校为人的终身学习提供支持的情况，一定程度上体现出高校的社会服务功能。

第二节　2012 年高校绩效指标的调整

根据直属高校绩效评价反馈分析及专家讨论意见，2012 年我们对绩效指标再次进行调整，其中最大的突破是构建高校分类绩效评价指标体系。

一、划分高校类别，实施分类评价

分类评价是高等教育评价的发展趋势，也符合国家对高等教育实施分类管理的思想。由于高校分类是一个复杂的问题，不同的分类标准可以有不同的分类结果，目前，学界并未形成一个达成共识的高校分类系统。为避免争议，我们直接依据《高等教育基层统计报表》中的“学校办学类型”划分，将72所教育部直属高校分为“综合类”“大理类”和“大文类”三个类型。由于师范类的专业设置与综合类趋同化现象较为明显，因此将师范类高校归入综合类高校范畴，大理类包括02 理工院校、03 农林院校、04 林业院校和05 医药院校，大文类包括07 语文院校、08 财经院校、09 政法院校和11 艺术院校。各高校具体分类情况见表4－3。针对三种类型的高校，实施高校分类绩效评价。

表4－3　72所教育部直属高校的类别划分

综合类高校（27所）	大理类高校（32所）	大文类高校（13所）
北京大学	清华大学	中南财经政法大学
吉林大学	华中科技大学	中国传媒大学
浙江大学	同济大学	西南财经大学
上海交通大学	西南交通大学	中国政法大学
四川大学	华南理工大学	上海财经大学
武汉大学	武汉理工大学	对外经济贸易大学
山东大学	中国石油大学	中央财经大学
中山大学	中国矿业大学	北京外国语大学
复旦大学	大连理工大学	上海外国语大学
中南大学	华东理工大学	北京语言大学
南京大学	天津大学	中央美术学院
西安交通大学	东北大学	中央音乐学院
厦门大学	中国地质大学	中央戏剧学院

续表

综合类高校（27 所）	大理类高校（32 所）	大文类高校（13 所）
东南大学	电子科技大学	
重庆大学	东北林业大学	
西南大学	西安电子科技大学	
华东师范大学	西北农林科技大学	
南开大学	合肥工业大学	
中国人民大学	长安大学	
北京师范大学	中国农业大学	
湖南大学	河海大学	
兰州大学	北京交通大学	
中国海洋大学	北京科技大学	
华中师范大学	南京农业大学	
东北师范大学	东华大学	
江南大学	华北电力大学	
陕西师范大学	中国药科大学	
	华中农业大学	
	北京邮电大学	
	北京林业大学	
	北京化工大学	
	北京中医药大学	

二、主观建构高校分类绩效指标体系

根据不同类型高校的办学特点及对不同指标的敏感性，形成区别化的三种类型高校绩效评价指标体系。对高校实施区别化的绩效评价，既要着力体现不同类型高校绩效的差异性，也要着力寻找不同类型高校绩效的共性。总体而言，高校绩效评价及分析的主要目的是透过不同类型高校的绩效评价结果，找到高校在投入、产出及其关系方面的一般性特征以及差异性特征，分析重点不是某一所直属高校，而是直属高校或某一类直属高校。因此，对三类高校的指标确定不做刻意不同的努力，而是尽量“大同小异”。

三种类型高校使用相同的投入指标，而产出指标的区别集中体现在科研产出和社会服务产出两个方面，这两类产出相对而言更具有不同学科的特色，能较好体现高校类型的差异。结合文、理与综合三类高校的学科区别、产出偏好以及数据的分布情况，我们在大理类高校中不使用“研究报告采纳数”；大文类高校中不使用“SCI 期刊论文数”“EI 期刊论文数”“当量国家科技奖获奖数”“技术转让当年实际收入金额”和“专利出售当年实际收入金额”。

调整之后，投入指标共有 13 项，三类高校均采用；产出指标共 21 项，综合类高校全部采用，有 20 项对大理类高校采用，有 16 项对大文类高校采用。由此确立的概念形态高校分类绩效评价指标体系如表 4 – 4 所示。

表 4 – 4　2012 年建构的概念形态高校分类绩效评价指标体系

投入指标（13 项）			综合类（13 项）	大理类（13 项）	大文类（13 项）
人力投入	1	专任教师数	√	√	√
	2	行政人员数	√	√	√
	3	教辅及工勤人员数	√	√	√
	4	具有博士学位专任教师数	√	√	√
	5	研究与发展全时人员数	√	√	√
财力投入	6	教育经费投入（拨款与收入）	√	√	√
	7	科研经费拨款	√	√	√
	8	其他经费拨款	√	√	√
	9	教学科研仪器设备值	√	√	√
物力投入	10	实验室（实习场所）面积	√	√	√
	11	图书馆面积	√	√	√
	12	教室面积	√	√	√
	13	图书册数	√	√	√

续表

产出指标（21 项）			综合类（21 项）	大理类（20 项）	大文类（16 项）
教学产出	1	当量在校生数（不含留学生与培训生）	√	√	√
	2	当量学历在校留学生数	√	√	√
	3	规划教材数	√	√	√
	4	精品课程数	√	√	√
	5	特色专业数	√	√	√
	6	ESI 前 1% 学科数	√	√	√
	7	百篇优秀博士学位论文数	√	√	√
	8	当量国家级教学成果奖获奖数	√	√	√
科研产出	9	出版专著数	√	√	√
	10	发表论文总数	√	√	√
	11	SCI 期刊论文数	√	√	△
	12	EI 期刊论文数	√	√	△
	13	CSSCI 期刊论文数	√	√	√
	14	SSCI 期刊论文数	√	√	√
	15	当量国家科技奖获奖数	√	√	△
	16	省部级科学研究与发展成果奖数	√	√	√
	17	研究与发展课题数	√	√	√
社会服务产出	18	研究报告采纳数	√	△	√
	19	社会培训数	√	√	√
	20	技术转让当年实际收入金额	√	√	△
	21	专利出售当年实际收入金额	√	√	△

注：√代表“使用”，△代表“不使用”。

三、模型筛选高校分类绩效指标

主观调整建构的概念形态高校分类绩效指标能否成为操作性指标，还需沿用典型相关及聚类分析方法进行模型筛选。模型筛选的数据采集时间为2007—2011年5年。

由于此次加入模型筛选的指标是我们充分吸纳调查反馈意见后调整形成的指标，其中内含着高校办学的价值意义指向。加入模型筛选之后，有可能会筛选掉我们主观希望保留的指标，这也会在一定程度上损害评价目的和价值。为了能将指标的统计学意义和教育学意义比较好地加以统合协调，为此，从模型甄选指标过程到最后确立指标，既要考虑指标的统计学意义，又要考虑指标在绩效评价中的评价意义，还要考虑指标对高校办学的教育学意义。综合考虑多方面因素后，再决定指标的淘汰或保留。

（一）高校分类绩效指标的典型相关模型筛选

同前面一样，仍然首先运行典型相关模型，分别找出两组变量最佳结构的线性组合，以表明投入指标组与产出指标组之间存在的相关关系状况。这里，基于高校类别分别进行典型相关模型筛选。模型运算前先将投入指标和产出指标进行极值法标准化处理以消除指标的量纲影响。

1. 典型相关系数及其检验

分别对三类直属高校的投入指标组与产出指标组进行典型相关分析，典型相关系数及检验结果见表4－5。

表4－5 2007—2011年三类直属高校投入产出典型相关系数及检验结果

序号	综合类		大理类		大文类	
	典型相关系数	显著性	典型相关系数	显著性	典型相关系数	显著性
1	0.991	0.000**	0.988	0.000**	0.995	0.000**
2	0.966	0.000**	0.942	0.000**	0.941	0.000**
3	0.922	0.000**	0.854	0.000**	0.902	0.000**
4	0.836	0.000**	0.726	0.000**	0.874	0.000**

续表

序号	综合类		大理类		大文类	
	典型相关系数	显著性	典型相关系数	显著性	典型相关系数	显著性
5	0.782	0.000**	0.63	0.000**	0.776	0.000**
6	0.714	0.000**	0.555	0.000**	0.737	0.023*
7	0.656	0.000**	0.48	0.013*	0.6	0.302
8	0.579	0.000**	0.411	0.123	0.548	0.548
9	0.511	0.012*	0.376	0.307	0.481	0.775
10	0.445	0.188	0.336	0.558	0.388	0.907
11	0.339	0.657	0.303	0.789	0.27	0.947
12	0.251	0.844	0.186	0.968	0.254	0.89
13	0.193	0.815	0.124	0.948	0.079	0.958

注：** $p < 0.01$；* $p < 0.05$。

由表可知，在 $p < 0.05$ 水平上 χ^2 统计量显著性检验中，综合类、大理类和大文类高校投入指标组与产出指标组分别得到 9 对、7 对和 6 对典型变量。因此，可以基于前几对典型变量对投入指标组和产出指标组做进一步的指标筛选。

2. 投入与产出指标的选择

分别计算三类高校每一个投入指标和每一个产出指标与前几对典型变量之间的典型负荷，并做显著性检验。在 0.05 的显著性水平上，除大文类高校“ESI 排名前 1% 学科数”这项指标外，三类高校的投入（产出）指标都与某项典型投入（产出）变量之间存在显著的相关关系。这说明三类高校所选择的产出指标组与投入指标组之间存在不同程度的关联。

经过投入—产出指标组相关性的筛选后，大文类、大理类和综合类三类高校均有 13 项投入指标进入下一轮聚类模型筛选；产出指标中，综合类高校有 21 项，大理类高校有 20 项，大文类高校有 14 项指标进入下一轮的聚类模型筛选。

（二）高校分类绩效指标的聚类模型筛选

将三类高校中经过典型相关模型筛选后留下的投入、产出指标，再分别进行聚类模型筛选。

1. 聚类及其结果

从基于平均距离聚类法的聚类结果中可以直观看到，在 2.5 的阈值下，不同类型高校表现出不同的指标聚类特点。综合类高校中，投入指标分为 12 类，其中，科研拨款 x6、教学科研仪器设备值 x13 聚为 1 类；其余指标各为 1 类。产出指标分为 17 类，其中，发表论文总数 y10、SCI 期刊论文数 y11、EI 期刊论文数 y12 为 1 类；ESI 前 1% 学科数 y6、SSCI 期刊论文数 y14 为 1 类；出版专著数 y9、CSSCI 期刊论文数 y13 为 1 类；其余指标各为 1 类，见图 4－1。

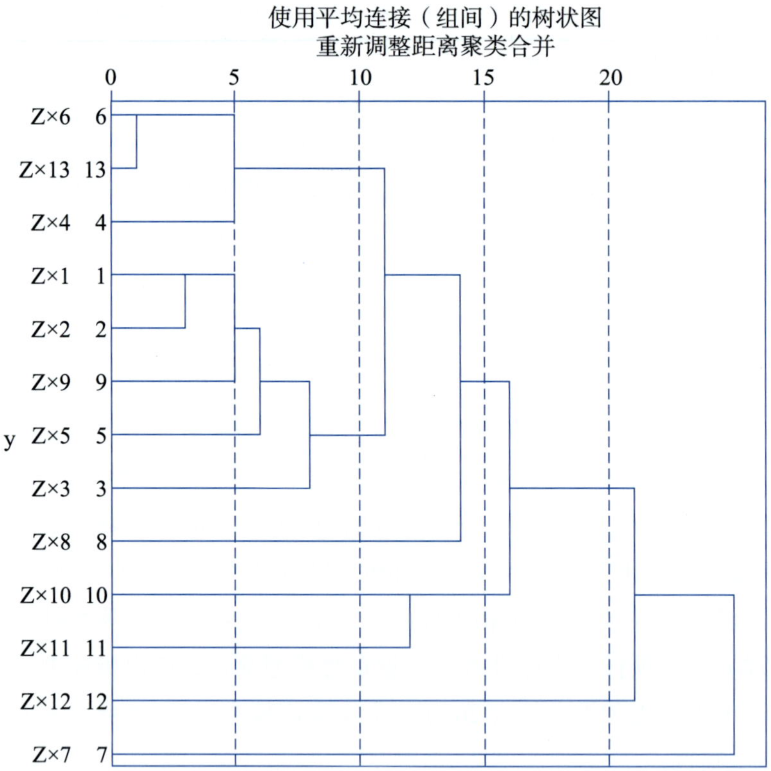

图 4－1　2007—2011 年综合类直属高校的投入、产出指标聚类结果

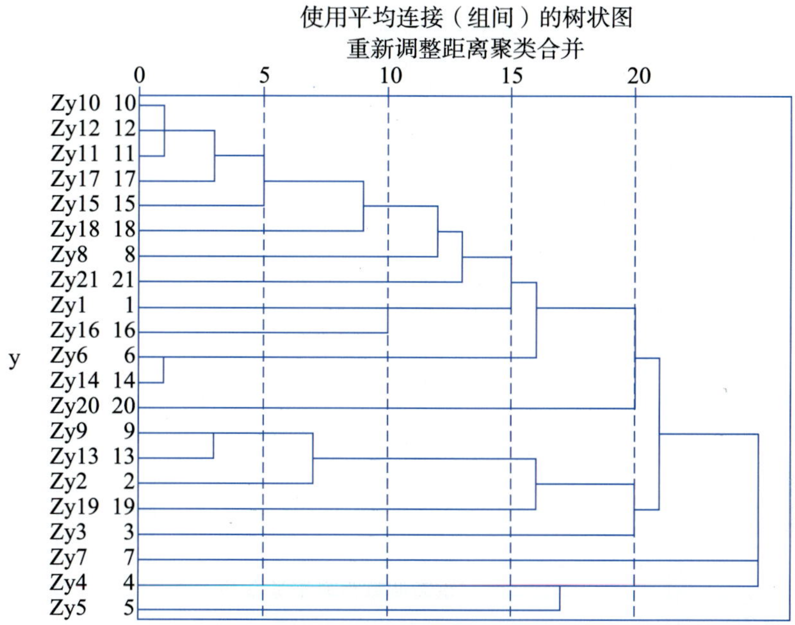

图 4－1（续）　2007—2011 年综合类直属高校的投入、产出指标聚类结果

大理类高校中，投入指标分为 12 类，具有博士学位专任教师数 x4、教学科研仪器设备值 x13 为 1 类；其余指标各为 1 类。产出指标分为 19 类，其中社会培训数 y18、技术转让当年实际收入 y19 为 1 类；其余指标各为 1 类，见图 4－2。

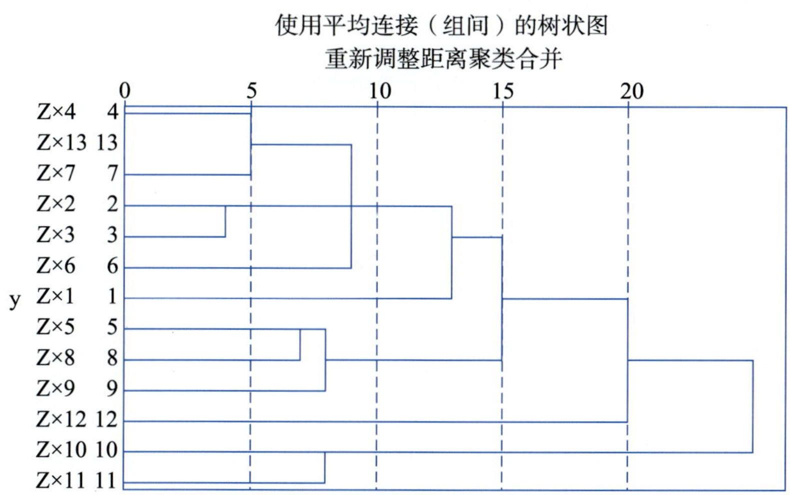

图 4－2　2007—2011 年大理类直属高校的投入、产出指标聚类结果

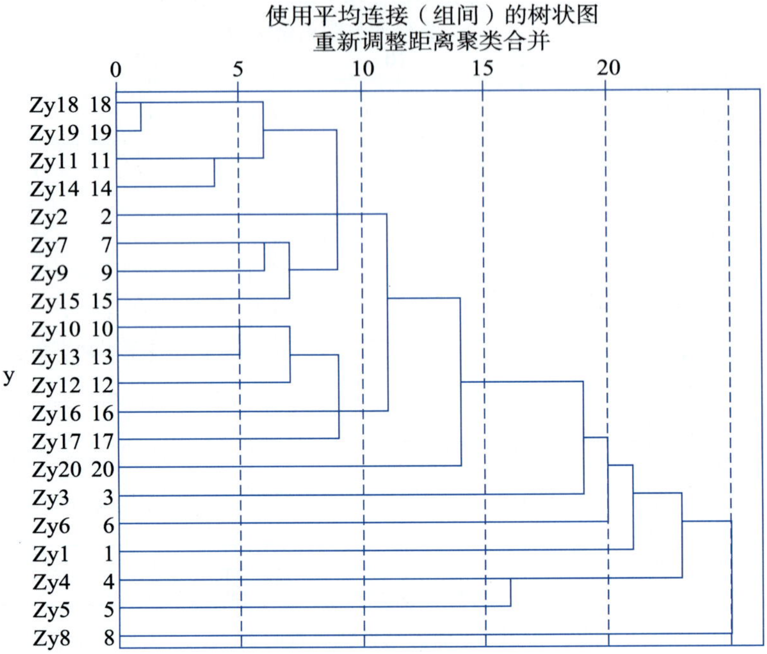

图 4-2（续）　2007—2011 年大理类直属高校的投入、产出指标聚类结果

大文类高校中，投入指标分为 12 类，其中，专任教师数 x1，图书册数 x9 为 1 类；其余指标各为 1 类。产出指标分为 14 类，其中，CSSCI 期刊论文数 x11，研究与发展课题数 x13 为 1 类；其余指标各为 1 类，见图 4-3。

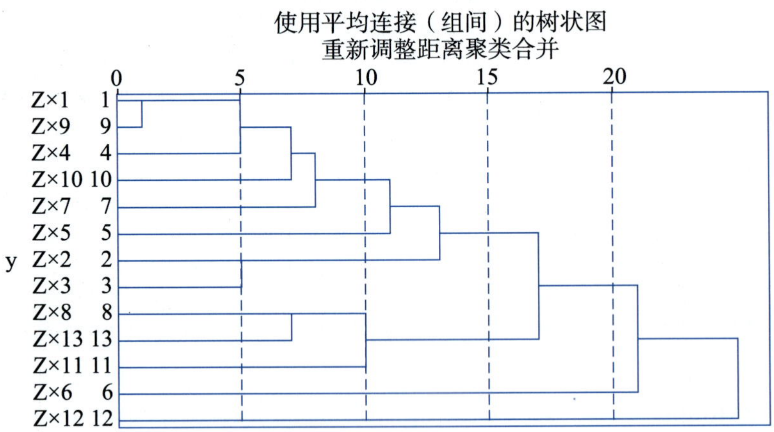

图 4-3　2007—2011 年大文类直属高校的投入、产出指标聚类结果

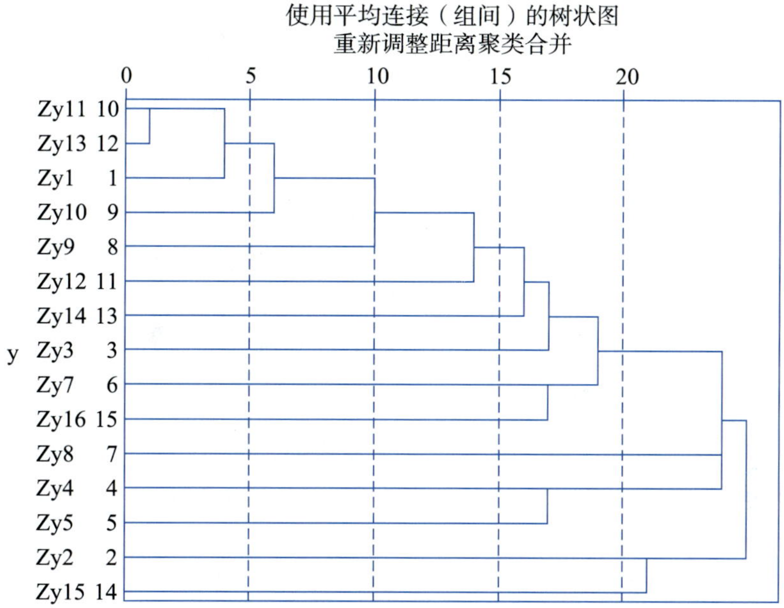

图4-3（续）　2007—2011年大文类直属高校的投入、产出指标聚类结果

基于指标聚类分析结果，需要从聚为一类的指标群中再甄选出更具代表性的指标。甄选方法是客观与主观相结合。就客观层面的统计结果而言，为了保证后续主成分分析有效，我们以是否达到0.8的临界值为删减指标依据，即指标间相关系数超过0.8就被删减，反之则保留。

2. 类内投入指标的甄选

前面的聚类结果显示，三类高校的投入指标类中，“教学科研仪器设备值”x13指标应该删除，因其与“科研经费拨款”指标、“具有博士学位专任教师数”指标的相关性较高。其中，“教学科研仪器设备值”指标与“科研经费拨款”指标在综合类、大理类、大文类高校中的相关系数分别为0.9083、0.8754和0.7836，说明这些指标间信息重合度较高；“教学科研仪器设备值”指标与“具有博士学位专任教师数”指标在这三类高校中的相关系数分别是0.8287、0.9148和0.6290。同时，“教学科研仪器设备值”指标在综合类和大理类中的变异系数低于其他两个相关度较高的指标，在大文类中略高于“具有博士学位专任教师数”指标。指标的变异系数可以筛选出具有较高敏感性和区分度较好的评价指标，变异系数大的指标，离散程度就大，就能更好地反映出该指标在各评价单位中的差别，应予以保留。所以，尽管“教学科研仪器设备值”指标在大文类中的相关度在0.8以下，但其变异系数却低，对大文类高校的区分度不高，仍然可以删除。加之，从投入这个角度而言，三类高校的指标项数应尽量一致，以便从观测投入的角度在三类高校中都具有相同的认知点和分析起点。综合考虑，在投入指标中删除“教学科研仪器设备值”指标。

聚类结果还显示，大文类高校中“专任教师数”指标与“图书册数”指标之间也应删减一个指标。但考虑到“专任教师数”属于投入中的人力指标，而“图书册数”属于投入中的物力指标，而且这两个指标在综合类和大理类中的相关系数均不高（分别为0.6032和0.5880），为保证投入指标的统一性和可比性，在大文类高校主观保留了这两项指标。

3. 类内产出指标的甄选

由于三类高校选取的产出指标存在一定区别，故需针对三类高校各自的具体产出指标分别进行筛选。

前面的聚类结果显示，综合类高校产出指标间的相关系数没有超过0.8的全部保留。大理类高校删除“技术转让当年实际收入金额”指标，因为该指标与“社会培训数”指标的相关系数为0.9444，两者信息重合度较高，且该指标的变异系数较低。大文类高校删除“研究与发展课题数”指标，其原因是该指标与“CSSCI发表论文数”相关系数为0.884，信息重合度较高，且该指标的变异系数也较低。

这样，经过两轮筛选后，三类高校均有12项投入指标成为入选指标；产出指标中，综合类有21项、大理类有19项、大文类有14项指标成为入选指标。

四、确定高校分类绩效评价指标体系

经过对三类高校绩效评价指标体系的概念形态建构以及运用不同模型对指标的客观筛选及判断之后，最终确定了2012年操作形态高校分类绩效评价指标体系，并进入2012年第三次高校绩效评价测试运行。该绩效指标体系尽可能体现了指标在统计学意义和教育学意义上的统一（表 4－6）。

表 4－6　2012 年确立的操作形态高校分类绩效评价指标体系

投入指标			综合类（12 项）	大理类（12 项）	大文类（12 项）
人力投入	1	专任教师数	√	√	√
	2	行政人员数	√	√	√
	3	教辅及工勤人员数	√	√	√
	4	具有博士学位专任教师数	√	√	√
	5	研究与发展全时人员数	√	√	√
财力投入	6	教育经费投入（拨款与收入）	√	√	√
	7	科研经费拨款	√	√	√
	8	其他经费拨款	√	√	√
物力投入	9	实验室（实习场所）面积	√	√	√
	10	图书馆面积	√	√	√
	11	教室面积	√	√	√
	12	图书册数	√	√	√
产出指标（21 项）			综合类（21 项）	大理类（19 项）	大文类（14 项）
教学产出	1	当量在校生数(不含留学生与培训生)	√	√	√
	2	当量学历在校留学生数	√	√	√
	3	规划教材数	√	√	√
	4	精品课程数	√	√	√
	5	特色专业数	√	√	√
	6	ESI 前 1% 学科数	√	√	△
	7	百篇优秀博士学位论文数	√	√	√
	8	当量国家级教学成果奖获奖数	√	√	√

续表

产出指标（21 项）			综合类（21 项）	大理类（19 项）	大文类（14 项）
科研产出	9	出版专著数	√	√	√
	10	发表论文总数	√	√	√
	11	SCI 期刊论文数	√	√	△
	12	EI 期刊论文数	√	√	△
	13	CSSCI 期刊论文数	√	√	√
	14	SSCI 期刊论文数	√	√	√
	15	当量国家科技奖获奖数	√	√	△
	16	省部级科学研究与发展成果奖数	√	√	√
	17	研究与发展课题数	√	√	△
社会服务产出	18	研究报告采纳数	√	△	√
	19	社会培训数	√	√	√
	20	专利出售当年实际收入金额	√	√	△
	21	技术转让当年实际收入金额	√	△	△

注：√代表“使用”，△代表“不使用”。

另外，在反馈意见中，高校对指标权重的客观赋值、主观赋值意见各不相同；但对主成分方法并没有什么意见。为此，依据惯例，我们仍然采用可以进行客观赋权的主成分分析方法及模型。

第五章

2012年高校绩效评价：运行过程与绩效结果

基于投入产出方法对直属高校进行绩效评价，反映的是直属高校之间的绩效差异，却并不反映直属高校作为一类高校的总体绩效状况。为此，本章首先对直属高校的总体绩效进行分析与判断，再通过主成分分析模型和方法对直属高校之间的绩效差异进行评价，并借助DEA模型对各直属高校投入、产出的相对效益进行分析。

第一节　直属高校的总体绩效

作为我国高水平大学的代表，尽管75所直属高校的机构数量并不多，仅占全国普通高校总数的3%，但却在人才培养、科学研究与社会服务等方面为国家发展做出了重大贡献，具有不可替代的重要地位，其总体绩效巨大。

一、直属高校是我国高层次人才培养的重要阵地

直属高校通过学位点尤其是一级学科博士点的发展，保障了我国高级专门人才的培养质量和数量，是我国高层次人才培养的重地，为国家人力资源开发做出了重要贡献。

（一）拥有全国近50%的一级学科博士学位授权点

仅以一级学科博士学位授权点来看，截至2010年，直属高校共有1152个一级学科博士点，占全国一级学科博士点的48.4%，为高质量地培养人才提供了优势学科保障（表5－1）。

表5－1　截至2010年直属高校博士学位授权一级学科数量情况

时　段	全国一级学科博士点总数（个）	教育部直属高校一级学科博士点数（个）	教育部直属高校所占百分比（%）
截至2006年	1378	790	57.3
2010年新增	1004	362	36.1
合计	2382	1152	48.4

【数据来源】《全国学位授予单位名册》（2006年版），高等教育出版社2007年；教育部官方网站：http：//www.moe.edu.cn/publicfiles/business/htmlfiles/moe/moe_ 818/index.html。

（二）培养了全国60%以上的高层次人才

“十一五”期间不同学科门类博士毕业生数的统计表明，全国60%以上的高层次人才由直属高校培养（表5－2）。其中，国家发展需求最为迫切的前5类工学、医学、理学、法学、文学博士学历人才，直属高校培养的毕业生数占全国总量的比例分别达到了62.53%、48.47%、51.72%、73.52%和70.95%，极大地满足了社会经济发展重点领域对高层次人才的需求。

表5－2　2006—2009年直属高校分学科门类培养博士生情况

学科门类	全国高校博士毕业生数（人）	教育部直属高校博士毕业生数（人）	教育部直属高校占全国比例（%）
工学	59271	37063	62.53
医学	22756	11029	48.47
理学	33815	17489	51.72
法学	7719	5675	73.52

续表

学科门类	全国高校博士毕业生数（人）	教育部直属高校博士毕业生数（人）	教育部直属高校占全国比例（%）
文学	7665	5438	70.95
教育学	3259	1895	58.15
经济学	8922	6821	76.45
管理学	12849	9938	77.34
农学	7389	3795	51.36
总计	163645	99143	60.58

【数据来源】教育部内部统计数据。

截至 2009 年底，直属高校传统产业相关专业在校研究生 9 万人，占全国高校总量的 51%；信息技术产业相关专业研究生 6 万人，占全国高校总量的 52%；战略性新兴产业相关专业在校研究生 10 万人，占全国高校总量的 48%。预计“十二五”期间，直属高校还将招收本专科生、硕士及博士研究生共 285 万人。这些学科专业高层次人才是支撑国家经济社会发展的重要力量，说明直属高校为国家的人才需求做出了重大贡献。

二、直属高校是我国高科技自主创新的重要阵地

直属高校不仅承担着学科建设和培养研究生的教学任务，还承担了大量的重大科研任务，并取得了数量可观的高质量科研成果，在我国科技创新中发挥着不可低估的作用。

（一）形成大量重点及优势学科群，为高科技自主创新提供基础力量

直属高校通过加强学科建设，不仅支撑了人才培养，还为科学研究提供了强大基础，包括国家重点学科及优势学科群的凝练与发展等。

1. 拥有全国 78% 的一级学科国家重点学科

2006 年，国家组织了第三次（最近一批）重点学科的评选工作，2007 年的批准名单显示，全国高校共有 72 个一级学科国家重点学科，其中 53 所教育部直属高校设有一级学科国家重点学科，涉及 72 个一级学科国家重

点学科中的68个，覆盖面达94.44%，仅未涉及体育学、地球物理学、航空宇航科学与技术、兵器科学与技术这4个学科。全国高校获一级学科国家重点学科的频次为286次，其中教育部直属高校获一级学科国家重点学科的频次为223次，占全国78%（表5－3）。

表5－3　2007年直属高校获一级学科国家重点学科情况

获一级学科重点学科数			获一级国家重点学科频次		
全国高校获得总数（个）	直属高校获得数（个）	直属高校占全国高校获得数比例（%）	全国高校获得频次（次）	直属高校获得频次（次）	直属高校占全国高校获得数比例（%）
72	68	94.44	286	223	78

【数据来源】根据中国学位与研究生教育网一级学科国家重点学科数据整理。http://www.chinadegrees.cn/xwyyjsjyxx/zlpj/zdxkps/257697.shtml

2. 拥有全国64%的优势学科

2012年教育部学位与研究生教育发展中心发布的优势学科评估结果显示，有70所教育部直属高校拥有进入排名前十的优势学科，占拥有优势学科高校总数（219所）的31.2%。这70所高校拥有614个排名前十的学科，占全国高校拥有进入排名前十学科总数的64%。其中哲学、历史学、管理学和经济学排名前十的高校中，教育部直属高校分别占了全国总数的100%、87.5%和87.3%和87%（表5－4）。

表5－4　2012年直属高校优势学科前10排名情况

学科门类	直属高校拥有排名前十的一级学科累加数（个）	全国高校拥有排名前十的一级学科累加数（个）	直属高校一级学科拥有量占全国比例（%）
哲学	10	10	100.0
经济学	20	23	87.0
法学	39	54	72.2
教育学	17	32	53.1
文学	24	29	82.8

续表

学科门类	直属高校拥有排名前十的一级学科累加数（个）	全国高校拥有排名前十的一级学科累加数（个）	直属高校一级学科拥有量占全国比例（%）
历史学	28	32	87.5
理学	92	128	71.9
工学	224	366	61.2
农学	45	90	50.0
医学	45	90	50.0
管理学	48	55	87.3
艺术学	22	50	44.0
总计	614	959	64.0

【数据来源】根据教育部学位与教育发展研究中心《2012 年全国高校学科评估结果公布》整理。http：//www.chinadegrees.cn/xwyyjsjyxx/xxsbdxz/mtjj/index.shtml

3. 进入世界 ESI 学科排名前 1% 的学科数占全国总数的 74.9%

世界 ESI 学科排名显示了世界范围内的顶尖学科分布概况。ESI 共对 22 个学科进行排名。2011—2012 年中国大陆地区有 17 个学科进入世界 ESI 排名前 1% 学科，共有 91 所大学进入 ESI 前 1% 排名，进入 ESI 排名前 1% 学科的频次为 279。其中有 47 所教育部直属高校进入 ESI 前 1% 排名，进入 ESI 排名前 1% 学科的频次为 209，占全国高校进入 ESI 排名前 1% 学科总数的 74.9%。进入 ESI 排名前 1% 学科数居前 5 位的大学全部是教育部直属高校，分别是北京大学、浙江大学、上海交通大学、复旦大学、清华大学和中山大学（并列）。

2011—2012 年中国大陆地区高校进入 ESI 排名前 1% 的 17 个学科分别是：化学、数学、物理学、地球科学、材料科学、药理学和毒物学、工程学、生物学与生物化学、植物学与动物学、环境科学与生态学、临床医学、农业科学、计算机科学、分子生物学与遗传学、神经科学与行为科学、微生物学、社会科学总论。这些高水平学科正是国家未来科技发展、社会经济发展所需要的关键知识领域；说明直属高校的学科发展极大地适应了国家的发展需要。

（二）承担并完成了大量重大科研项目，直接参与高科技自主创新活动

直属高校承担大量重大科研项目并形成了许多尖端科研成果，在许多方面突破了国外技术垄断，为我国实现高科技自主创新做出重大贡献，有力推动了从“中国制造”向“中国创造”的转变。

1. 承担了全国 50% 左右的重大科研项目

2011 年，42 所直属高校承担了国家人文社科基金重大项目 125 项，占全国总数的 66.5%，研究方向主要集中在现阶段我国迫切需要解决的重大现实问题，如中西部欠发达地区和农村地区经济社会发展问题、应对国际金融危机有关政策措施等；2011—2012 年 29 所直属高校承担国家重点基础研究发展计划项目（“973 计划”）47 项，占全国总数的 50%，研究方向集中在电子及信息科技、生物、医疗、环境、生态、航空航天技术等前沿科技领域；2012 年，21 所直属高校承担了 35 项国家重大科学研究项目，占全国总数的 50%，研究方向集中在新材料、生物科学等前沿科学领域。

2. 攻克了众多技术难题、突破国外技术垄断

直属高校积极进行关键技术研究，突破国外技术垄断，形成自主研发能力。据不完全统计，近年来直属高校实现关键技术或共性技术突破的项目有百余项，极大提高了我国的自主研发能力，如表 5－5 中列举的进入世界先进行列的部分项目。

表 5－5　直属高校突破技术难关进入世界先进行列的项目例举

序号	项目名称	先进程度
1	多喷嘴对置式气化技术	国际上唯一同时掌握水煤浆和粉煤加压气化技术
2	经超快速冷冻冻胚移植试管婴儿	国际上第一例
3	无水氯化镁制备成套技术与装备	国际上公开报道的第二套反应结晶耦合脱水装置
4	世界上加工尺寸最大的高端数控螺旋锥齿轮机床	成为美、德之后第三个能生产全数控螺旋锥齿轮制造装备的国家

续表

序号	项目名称	先进程度
5	碳纤维制备技术	世界上第三个粘胶基碳纤维生产国
6	高性能炭/炭航空制动材料的制备技术	世界上第四个能生产 C/C 航空制动材料的国家
7	GaN 基短波长激光器	氮化镓基光电子材料与器件的研究进入世界先进行列，成为掌握相关技术的少数国家之一
8	0912	世界上第一个以选择性免疫抑制理念研制的候选一类新药
9	自有技术生产高纯氢氧化镁	攻克青海盐湖镁资源利用世界性难题
10	10 万吨/年聚酯国产化成套技术	结束了我国纤维级大型聚酯装置只能依靠引进的历史
11	芳纶 1313 项目	建立起具有自主知识产权的间位芳纶和绝缘纸产业化体系，打破国外技术封锁和产品垄断
12	碳纤维 M40、T700 的规模生产核心技术	为实现关键战略材料国产化与碳纤维产业化奠定了基础
13	乙苯脱氢制苯乙烯工业技术	实现了苯乙烯大规模生产技术及反应器的自主创新和国产化
14	汽车装备制造、检测、设计项目	成功解决了汽车制造中的关键技术难题，全面替代了进口
15	MO 源研制合成方法、纯化技术、分析方法及灌装技术	国际先进水平，已研制开发出的 MO 源品种纯度在 99.999%—99.9999% 之间

【指标依据】教育部各直属高校“十二五”规划材料。

3. 产出了全国 50% 的高尖端科研成果

高尖端科研成果的认定以获得国家自然科学奖、国家技术发明奖、国家科学技术进步奖国家三项奖为重要标志。国家科技三项奖反映了研究成果在科学技术前沿取得的重大突破、对科学技术发展做出的杰出贡献，以及在科学技术创新、科学技术成果转化和高技术产业化中创造的巨大经济效益或社会效益，是科研水平的重要体现。

每年授予不超过 2 项的国家最高科学技术奖，在 2009—2011 年里共授予 6 项，其中教育部直属高校获得 3 项，占获奖总数的 50%。同时，2009—2011 年，教育部直属高校参与项目获国家自然科学奖一等奖数占全国总数的 100%，获二等奖数占全国总数的 53.8%；教育部直属高校参与项目获国家技术发明奖一等奖数占全国总数的 75%，获二等奖数占全国总数的 54.1%；教育部直属高校参与项目获国家科技进步奖一等奖数占全国总数的 36.4%，获二等奖数占全国总数的 46.2%。并且，教育部直属高校以第一完成单位获国家自然科学奖和技术发明奖基本占到获奖总数的 50%（表 5－6）。可见，教育部直属高校是我国基础研究和技术发明的主力军，并在应用推广先进科学技术成果、完成重大科学技术工作计划与项目等方面做出了突出贡献。

表 5－6　2009—2011 年直属高校以第一完成单位获得国家三大奖的情况

奖项类别	一等奖			二等奖		
	总奖数（个）	直属高校获奖数（个）	直属高校获奖比例（%）	总奖数（个）	直属高校获奖数（个）	直属高校获奖比例（%）
国家自然科学奖	1	0	0	93	46	49.5
国家技术发明奖	4	3	75	109	56	51.4
国家技术进步奖	33	3	9.9	619	170	27.5

【数据来源】根据国家科技部数据统计，每个奖项以第一完成单位统计。http://www.most.gov.cn/cxfw/kjjlcx/

三、直属高校是我国经济结构调整、社会文化建设的重要阵地

直属高校围绕国家加快转变经济发展方式的主线，抢占战略性新兴产

业制高点，深入推进产学研合作，主动服务国家战略和经济社会发展，为推进国家和区域经济社会发展发挥重要作用。

（一）支撑了国家自主创新能力的提升

国家创新体系建设是以竞争性国家重大科技计划为主要推动形式，以建立国家级的实验室、工程中心、科学园等平台为主要措施，带动政府、企业、科研院所及高校共同参与，旨在有效构建我国的知识创新系统、技术创新系统、知识传播系统和知识应用系统的活动。能够获得国家创新体系高起点建设平台的高校，必须拥有雄厚的创新研究实力，包括在创新基础设施、创新资源、创新环境等方面的优势。教育部直属高校拥有的各种国家创新体系建设平台总数占全国的比例约为 30%，其中国家实验室所占比例达到 42%，国家大学科技园所占比例达 52.9%（表 5 –7）。

表 5 –7　直属高校获得国家创新体系建设平台的情况

国家创新体系建设平台名称	全国总数（个）	直属高校拥有总数（个）	直属高校拥有总数占全国比例（%）
国家实验室（截至 2010 年）	19	8	42
国家重点实验室（截至 2010 年）	280	107	38.2
国家工程实验室（截至 2009 年）	85	20	23.5
国家工程研究中心（截至 2009 年底）	127	38	30
国家工程技术研究中心（截至 2011 年）	232	41	17.7
国家大学科技园（截至 2010 年）	87	46	52.9

【数据来源】国家工程技术研究中心数据来源 http：//www.most.gov.cn/bszn/new/yjzx/jgcx/index.htm；国家大学科技园数据来源 http：//www.most.gov.cn/bszn/new/dxk/jgcx/index.htm；国家重点实验室数据来源 http：//d.dxy.cn/detail/2177967；国家工程研究中心数据来源 http：//

www. cdgdc. edu. cn/xwyyjsjyxx/xwsytjxx/jdzxsys/274950. shtml；国家实验室数据来源 http://wenku. baidu. com/view/1e4806e9998fcc22bcd10d68. html；国家工程实验室数据来源 http://www. sdpc. gov. cn/gzdt/P020100511374925528162. pdf

（二）服务成果产生了极其显著的效益

直属高校承担了大量的科技服务项目，并积极为国家决策提供咨询服务，充分发挥了国家智囊团、思想库和行动队的作用。

1. 承担了全国高校50%左右的科技服务项目

2006—2010年全国高校中48. 52%的科技服务项目是由教育部直属高校完成的；且技术转让合同数占全部合同数的比例为41. 77%，合同金额所占比例为50. 4%，显示了很强的服务能力（表5－8）。

表5－8　2006—2010年教育部直属高校科技服务及技术转让情况

名　称	总　计	直属高校占有量	直属高校所占比例（%）
技术转让合同数（项）	40135	16766	41. 77
技术转让合同金额（千元）	13573518	6840589	50. 4
科技服务项目数（项）	120598	58517	48. 52

【制表依据】教育部科技司编，《普通高等学校科技统计资料汇编》（2007—2011）。

2. 科技服务成果应用效益显著

据不完全统计，近年来教育部直属高校科技服务成果被广泛应用于规模生产、试点示范或推广应用，产生重大经济效益的成果超过百项，都对社会经济发展产生了重大影响。如下表中列举的经济效益尤其显著的科技服务成果（表5－9）。

表5－9　教育部直属高校经济效益尤其显著的科技服务成果列举

序号	科技服务成果名称	效益概况
1	抗条纹叶枯病高产优质粳稻新品种	累计推广1.36亿亩，社会效益达190. 14亿元
2	提高轻质油品收率的两端提升管催化裂化新技术	近三年新增利税30多亿元，于2010年获得国家科技进步二等奖

续表

序号	科技服务成果名称	效益概况
3	数字化经编生产的关键技术研究与应用	实现总利润 30 多亿元
4	大宗低值蛋白资源生产富含呈味肽的呈味基料及调味品共性关键技术	近三年实现新增产值 25.7 亿元，新增税收 2.2 亿元，直接安置就业 2000 余人，实现农民增收 1.2 亿元
5	复杂油气藏物理—化学强化开采理论与技术项目	新增产值 10 亿元，增产原油 30 万吨
6	三峡库区生态环境安全及生态经济系统重建关键技术研究与示范	示范基地新增产值 72617.87 万元、收入 42513.56 万元、利税 22669.76 万元，扩散区新增产值 161896.59 万元、收入 94766.16 万元；20 余万农民年增收 200 ~ 400 元，2 万多人脱贫；推广区近百万农民年增收 200 元左右，近 5 万人脱贫；治理国土近 700km^2，水土流失减少 60% –80%
7	多级孔材料构建技术	近三年实现新增产值 7.3 亿元
8	全氟离子膜技术	打破国际对我国氯碱工业和新能源汽车核心技术的垄断，已产生超过 3.5 亿元的经济效益
9	平原河流防洪安全水动力关键技术	节省投资 1.12 亿元，每年直接防洪效益达 3.2 亿元
10	猪链球菌病灭活疫苗	直接经济效益达 5.4 亿元
11	柑橘病毒类和检疫类病害分子检测及无病毒三级繁育体系技术	累计繁育容器苗 2656 万株，产值 13280 万元，新建容器苗果园 65.2 万亩，累计推广 157.5 万亩，新增总产值 45339 万元
12	京沪高速铁路双柱型端刺研究、动车组电磁兼容技术及规范研究	为工程节约 2 亿多元
13	复杂破碎条件下露天—地下联合高效开采关键技术	4 年来创造 15950 万元的直接经济效益

续表

序号	科技服务成果名称	效益概况
14	旋流—静态微泡浮选床技术与设备	年销售额均在 1500 万元以上，创造经济效益 1.2 亿元以上
15	超高压食品非热加工设备	当年国内销售 8000 多万元，出口创汇 220 万美元

【制表依据】教育部直属各高校“十二五”规划。

（三）参与众多国家公共政策和社会事务的研究与决策服务活动

教育部直属高校研究、提交、参与的一系列政策建议、研究报告和社会活动，在国家政治、经济、社会的重大决策和事件处理中发挥着积极的推动与导向作用。

1. 主动、积极地为国家决策服务。如为中央政治局集体学习做辅导报告，参与起草国家重要法律，发布宏观经济分析报告，主持社会保障战略研究。

2. 快速、有效地参与国家突发事件的应对。如汶川特大地震和青海玉树地震等重大自然灾害的伤员救治及灾后重建。

3. 自觉、努力地推动区域经济社会发展。如不仅加强省市校企合作平台建设，以科技成果带动地方经济社会发展，还为地区乃至全国的文化产业发展提供优质服务，包括进行思想文化宣传，参与公益性文化服务活动以及承担地区文化产业规划研究等。

综上可见，一直以来，包括 2006—2012 年时段，直属高校所取得的绩效是显著的，其为国家社会发展做出的贡献是巨大的。这是对直属高校总体绩效的基本判断。在此基础上，我们基于投入—产出方法论的绩效评价再对直属高校之间的绩效差异进行分析与比较。

第二节　直属高校的绩效差异

2012 年，使用高校分类绩效评价指标体系，通过各年度《教育部直属高校基本情况统计资料汇编》、教育部等官方网站①采集数据，运用主成分分析模型，对直属高校 2007—2011 年 5 年的产出、投入及绩效进行评价。可以看到，直属高校内部存有绩效差异。

一、主成分模型的运算

将所有指标无量纲化之后运行主成分分析模型，分别测算直属高校在 2007—2011 年 5 年的产出、投入综合得分。

（一）测算三类高校产出综合得分

对三类直属高校的产出指标分别进行主成分分析，并分别计算出直属高校各主成分的特征值及其方差贡献率，见表 5 - 10。

表 5 - 10　2007—2011 年三类直属高校产出主成分的特征值及其方差贡献率

主成分	综合类高校			大理类高校			大文类高校		
	特征值	方差贡献率（%）	累计方差贡献率（%）	特征值	方差贡献率（%）	累计方差贡献率（%）	特征值	方差贡献率（%）	累计方差贡献率（%）
1	7.649	36.425	36.425	9.752	51.329	51.329	4.025	28.752	28.752
2	2.622	12.484	48.909	1.855	9.765	61.093	1.846	13.185	41.937
3	2.173	10.346	59.255	1.667	8.771	69.865	1.632	11.660	53.597
4	1.345	6.405	65.660	0.923	4.859	74.724	1.096	7.827	61.424
5	1.045	4.977	70.637	0.697	3.668	78.392	1.022	7.297	68.721

① 直属高校“SCI”“EI”“SSCI”部分年限的数据，由北京师范大学“教育部人文社会科学研究规划基金项目‘211’工程高校科研生产率动态变化评估（08JA880006）”课题组提供。华东理工大学规划处协助采集了部分直属高校 ESI 的数据。在此一并致谢！

续表

主成分	综合类高校			大理类高校			大文类高校		
	特征值	方差贡献率（%）	累计方差贡献率（%）	特征值	方差贡献率（%）	累计方差贡献率（%）	特征值	方差贡献率（%）	累计方差贡献率（%）
6	0.856	4.075	74.713	0.655	3.448	81.840	0.926	6.616	75.337
7	0.776	3.694	78.406	0.531	2.795	84.635	0.720	5.142	80.479
8	0.736	3.506	81.912	0.506	2.661	87.295	0.645	4.608	85.088
9	0.612	2.913	84.826	0.420	2.213	89.508	0.609	4.352	89.440
10	0.519	2.470	87.296	0.377	1.984	91.492	0.496	3.546	92.986
11	0.456	2.171	89.467	0.290	1.526	93.019	0.376	2.687	95.673
12	0.381	1.814	91.282	0.251	1.323	94.342	0.356	2.540	98.212
13	0.345	1.644	92.926	0.227	1.195	95.537	0.199	1.420	99.633
14	0.307	1.463	94.389	0.212	1.115	96.652	0.051	0.367	100.000
15	0.263	1.255	95.644	0.165	0.867	97.519			
16	0.225	1.070	96.714	0.146	0.771	98.290			
17	0.197	0.937	97.651	0.138	0.729	99.018			
18	0.174	0.831	98.482	0.110	0.578	99.596			
19	0.140	0.665	99.147	0.077	0.404	100.000			
20	0.105	0.498	99.645						
21	0.075	0.355	100.000						

主成分个数提取的原则之一是提取主成分对应的特征值大于 1 的前几个主成分。特征值在某种程度上可以被看成是表示主成分影响力度大小的指标，以说明该主成分的解释力度。基于此提取产出指标中特征值大于 1 的主成分替代原始指标项，综合类和大文类高校中前五个主成分可以包含全部指标 70% 左右的信息，大理类高校中前三个主成分可以包含全部指标 69% 以上的信息。三类高校产出主成分因子载荷矩阵分别见表 5－11 和表 5－12。

表 5-11　2007—2011 年综合类直属高校的产出主成分因子载荷矩阵

产出指标	综合类高校				
	一	二	三	四	五
当量在校生数	0. 508	-0. 287	0. 059	0. 494	0. 291
当量学历在校留学生生数	0. 725	0. 445	0. 163	-0. 168	0. 067
规划教材数	0. 407	0. 465	-0. 442	-0. 156	0. 222
精品课程数	0. 405	-0. 240	0. 720	-0. 063	-0. 003
特色专业数	0. 516	-0. 409	0. 217	0. 008	0. 436
ESI 前 1% 学科数	0. 313	0. 359	-0. 701	-0. 016	0. 222
当量国家教学成果奖获奖数	0. 207	-0. 215	0. 544	-0. 110	0. 419
百篇优秀博士学位论文数	0. 622	0. 068	0. 231	-0. 369	-0. 098
出版专著数	0. 554	0. 583	0. 280	0. 167	-0. 041
发表论文总数	0. 876	-0. 110	-0. 153	0. 074	0. 032
SCI 期刊论文数	0. 910	-0. 123	-0. 162	-0. 055	-0. 025
EI 期刊论文数	0. 757	-0. 292	-0. 388	0. 018	0. 043
CSSCI 期刊论文数	0. 436	0. 690	0. 354	0. 003	0. 062
SSCI 期刊论文数	0. 704	0. 421	-0. 020	-0. 359	0. 128
当量国家科技奖获奖数	0. 722	-0. 348	-0. 055	-0. 104	-0. 052
当量省部级科研成果奖获奖数	0. 616	-0. 193	-0. 229	0. 512	0. 081
研究与发展课题数	0. 866	-0. 035	0. 020	0. 167	-0. 189
社会培训数	0. 668	-0. 082	0. 057	0. 009	-0. 508
研究报告采纳数	0. 200	0. 456	0. 265	0. 562	-0. 159
技术转让当年实际收入	0. 346	-0. 412	-0. 040	-0. 328	-0. 028
专利出售当年实际收入	0. 570	-0. 266	-0. 076	-0. 081	-0. 359

表 5-12　2007—2011 年大理类、大文类直属高校的产出主成分因子载荷矩阵

产出指标	大理类高校			大文类高校				
	一	二	三	一	二	三	四	五
当量在校生数	0.428	0.795	-0.025	0.795	0.143	-0.196	0.046	-0.102
当量学历在校留学生数	0.745	-0.187	-0.039	-0.092	-0.324	0.511	-0.164	0.549
规划教材数	0.534	-0.078	0.475	0.277	-0.558	0.166	-0.432	0.049
精品课程数	0.502	0.114	-0.621	0.186	0.671	-0.053	-0.423	-0.152
特色专业数	0.436	0.536	0.129	0.230	0.525	0.550	-0.108	0.168
ESI 前 1% 学科数	0.338	0.083	0.799					
百篇优秀博士学位论文数	0.793	-0.410	0.000	0.302	0.284	0.576	-0.126	-0.360
当量国家教学成果奖获奖数	0.260	0.017	-0.591	0.166	0.542	-0.090	0.407	0.464
出版专著数	0.842	-0.182	-0.042	0.649	-0.417	0.037	0.039	-0.353
发表论文总数	0.826	0.343	-0.037	0.786	0.035	0.214	0.290	-0.102
SCI 期刊论文数	0.904	-0.063	0.012					
EI 期刊论文数	0.844	0.122	0.154					
CSSCI 期刊论文数	0.867	0.217	-0.089	0.950	-0.006	-0.022	0.041	0.042
SSCI 期刊论文数	0.891	-0.225	-0.016	0.575	-0.328	-0.111	0.172	0.255
当量国家科技奖获奖数	0.830	-0.189	0.072					
当量省部级科研成果奖获奖数	0.789	0.222	-0.050	0.585	0.017	-0.409	0.071	0.087
研究与发展课题数	0.800	0.261	-0.024					
社会培训数	0.835	-0.407	-0.077	-0.115	-0.160	0.646	0.523	-0.148
专利出售当年实际收入	0.601	-0.347	0.009					
研究报告采纳数				0.689	-0.001	0.125	-0.335	0.283

各个变量的载荷系数越大表示其对该主成分的解释性越强。在因子载荷矩阵中将因子负荷除以对应特征值的平方根，就可以得到三类直属高校产出指标每一个主成分对应的特征向量，见表 5 – 13 和表 5 – 14。

表 5 – 13　2007—2011 年综合类直属高校产出主成分对应的特征向量

产出指标	综合类高校				
	一	二	三	四	五
当量在校生数	0. 184	–0. 177	0. 040	0. 426	0. 284
当量学历在校留学生数	0. 262	0. 275	0. 111	–0. 145	0. 065
规划教材数	0. 147	0. 287	–0. 300	–0. 135	0. 217
精品课程数	0. 147	–0. 148	0. 488	–0. 054	–0. 003
特色专业数	0. 187	–0. 253	0. 147	0. 007	0. 427
ESI 前 1% 学科数	0. 113	0. 221	–0. 475	–0. 014	0. 217
当量国家教学成果奖获奖数	0. 075	–0. 133	0. 369	–0. 095	0. 409
百篇优秀博士学位论文数	0. 225	0. 042	0. 157	–0. 318	–0. 096
出版专著数	0. 200	0. 360	0. 190	0. 144	–0. 040
发表论文总数	0. 317	–0. 068	–0. 104	0. 064	0. 031
SCI 期刊论文数	0. 329	–0. 076	–0. 110	–0. 047	–0. 025
EI 期刊论文数	0. 274	–0. 180	–0. 263	0. 016	0. 042
CSSCI 期刊论文数	0. 158	0. 426	0. 240	0. 003	0. 061
SSCI 期刊论文数	0. 255	0. 260	–0. 014	–0. 310	0. 125
当量国家科技奖获奖数	0. 261	–0. 215	–0. 037	–0. 090	–0. 051
当量省部级科研成果奖获奖数	0. 223	–0. 119	–0. 155	0. 442	0. 079
研究与发展课题数	0. 313	–0. 022	0. 014	0. 144	–0. 185
社会培训数	0. 241	–0. 051	0. 039	0. 008	–0. 496
研究报告采纳数	0. 072	0. 281	0. 180	0. 484	–0. 155
技术转让当年实际收入	0. 125	–0. 254	–0. 027	–0. 282	–0. 028
专利出售当年实际收入	0. 206	–0. 164	–0. 052	–0. 070	–0. 351

表 5－14　2007—2011 年大理类和大文类直属高校产出主成分对应的特征向量

产出指标	大理类高校			大文类高校				
	一	二	三	一	二	三	四	五
当量在校生数	0.137	0.584	-0.020	0.396	0.105	-0.153	0.044	-0.101
当量学历在校留学生数	0.238	-0.138	-0.030	-0.046	-0.239	0.400	-0.157	0.543
规划教材数	0.171	-0.057	0.368	0.138	-0.411	0.130	-0.413	0.049
精品课程数	0.161	0.083	-0.481	0.093	0.494	-0.041	-0.404	-0.151
特色专业数	0.140	0.393	0.100	0.115	0.386	0.430	-0.103	0.166
ESI 前 1% 学科数	0.108	0.061	0.619					
百篇优秀博士学位论文数	0.254	-0.301	0.000	0.150	0.209	0.451	-0.120	-0.356
当量国家教学成果奖获奖数	0.083	0.013	-0.458	0.083	0.399	-0.070	0.389	0.459
出版专著数	0.270	-0.134	-0.033	0.324	-0.307	0.029	0.037	-0.350
发表论文总数	0.265	0.252	-0.029	0.392	0.026	0.168	0.277	-0.101
SCI 期刊论文数	0.290	-0.046	0.009					
EI 期刊论文数	0.270	0.090	0.119					
CSSCI 期刊论文数	0.278	0.159	-0.069	0.474	-0.004	-0.017	0.039	0.041
SSCI 期刊论文数	0.285	-0.165	-0.012	0.287	-0.241	-0.087	0.165	0.252
当量国家科技奖获奖数	0.266	-0.138	0.056					
当量省部级科研成果奖获奖数	0.253	0.163	-0.038	0.292	0.012	-0.320	0.068	0.086
研究与发展课题数	0.256	0.191	-0.019					
社会培训数	0.267	-0.299	-0.060	-0.057	-0.118	0.506	0.500	-0.146
专利出售当年实际收入	0.192	-0.254	0.007					
研究报告采纳数				0.344	-0.001	0.098	-0.320	0.280

基于特征向量值，可以分别得到产出主成分对应的函数（函数式略），将 2007—2011 年各直属高校各项产出指标数据代入各自的主成分函数中，计算出每一年度每个直属高校在各主成分上的得分；然后以各主成分的方差贡献率比重为权数，对主成分得分进行加权平均，得到产出指标综合得分。产出指标综合得分的计算公式为：

$Y_{(综合)} = (0.36425 \times F1 + 0.12484 \times F2 + 0.10346 \times F3 + 0.06405 \times F4 + 0.04977 \times F5) \div 0.70637$；$Y_{(大理)} = (0.51329 \times F1 + 0.09765 \times F2 + 0.08771 \times F3) \div 0.69865$；$Y_{(大文)} = (0.28752 \times F1 + 0.13185 \times F2 + 0.11660 \times F3 + 0.07827 \times F4 + 0.07297 \times F5) \div 0.68721$。

其中，$Y_{(综合)}$表示综合类产出指标的综合得分，F1 表示第一主成分得分（0.36245 为第一主成分的方差贡献率），F2 表示第二主成分得分（0.12484 为其对应的方差贡献率），F3 表示第三主成分得分（0.10346 为其对应的方差贡献率），F4 表示第四主成分得分（0.06405 为其对应的方差贡献率），F5 表示第五主成分得分（0.04977 为其对应的方差贡献率），0.70637 是前五个主成分的累计贡献率。大理类和大文类公式内涵同理。将各产出指标的值代入公式即可得到直属高校各年度的产出指标综合得分，基于各指标的 5 年算术平均值可得到 5 年整体产出综合得分。

将各产出指标的值代入公式即可得到每个直属高校每一年度的产出指标综合得分，基于各指标的 5 年算术平均值可得到 5 年整体产出综合得分。

（二）测算三类高校投入综合得分

对三类直属高校 12 项投入指标分别进行主成分分析，计算各主成分的特征值及其方差贡献率，见表 5－15。

表 5 - 15　2007—2011 年三类直属高校投入主成分的特征值及其方差贡献率

主成分	综合类高校			大理类高校			大文类高校		
	特征值	方差贡献率（%）	累计方差贡献率（%）	特征值	方差贡献率（%）	累计方差贡献率（%）	特征值	方差贡献率（%）	累计方差贡献率（%）
1	7. 288	60. 729	60. 729	6. 875	57. 295	57. 295	6. 316	52. 635	52. 635
2	1. 216	10. 135	70. 864	1. 813	15. 106	72. 401	1. 667	13. 892	66. 527
3	0. 738	6. 146	77. 010	0. 895	7. 460	79. 860	1. 261	10. 510	77. 037
4	0. 690	5. 750	82. 761	0. 668	5. 569	85. 430	0. 769	6. 411	83. 448
5	0. 632	5. 268	88. 029	0. 577	4. 806	90. 236	0. 594	4. 950	88. 398
6	0. 468	3. 898	91. 927	0. 314	2. 616	92. 852	0. 480	3. 999	92. 397
7	0. 305	2. 544	94. 471	0. 247	2. 058	94. 910	0. 309	2. 575	94. 972
8	0. 283	2. 359	96. 830	0. 167	1. 390	96. 300	0. 260	2. 164	97. 136
9	0. 132	1. 099	97. 929	0. 156	1. 301	97. 602	0. 138	1. 150	98. 286
10	0. 100	0. 836	98. 765	0. 127	1. 059	98. 661	0. 120	0. 998	99. 284
11	0. 092	0. 765	99. 530	0. 099	0. 826	99. 486	0. 068	0. 569	99. 853
12	0. 056	0. 470	100. 000	0. 062	0. 514	100. 000	0. 018	0. 147	100. 000

基于投入指标提取主成分的准则，提取特征值大于 1 的主成分替代原始指标项。从上表中可以看出，大文类需要三个主成分、综合类和大理类只需要两个主成分就可以替代原先 12 个指标所包含的 77%、70% 和 72% 以上的信息。接下来计算这几个主成分的因子载荷矩阵，见表 5 - 16。

表 5 - 16　2007—2011 年三类直属高校投入主成分的因子载荷矩阵

投入指标	综合类高校		大理类高校		大文类高校		
	一	二	一	二	一	二	三
专任教师数	0. 906	-0. 269	0. 827	0. 230	0. 977	-0. 066	-0. 022
行政人员数	0. 884	-0. 089	0. 845	-0. 237	0. 830	0. 376	0. 030
教辅及工勤人员数	0. 772	0. 016	0. 655	-0. 339	0. 617	0. 513	0. 212

续表

投入指标	综合类高校		大理类高校		大文类高校		
	一	二	一	二	一	二	三
博士学位专任教师数	0.859	0.090	0.737	-0.148	0.835	0.110	-0.232
研究与发展全时人员数	0.902	-0.085	0.848	-0.219	0.762	0.191	0.031
科研经费拨款	0.747	0.360	0.694	-0.599	0.272	0.080	0.821
教育经费投入	0.671	0.508	0.861	-0.211	0.850	-0.051	-0.253
实验室（实习场所）面积	0.754	-0.004	0.887	0.134	0.630	-0.377	0.459
图书册数	0.866	0.151	0.868	0.336	0.920	-0.108	-0.022
图书馆面积	0.67	-0.337	0.544	0.680	0.772	-0.344	-0.420
教室面积	0.669	-0.652	0.592	0.712	0.572	-0.606	0.172
其他经费拨款	0.563	0.415	0.614	-0.125	0.227	0.748	-0.067

在因子载荷矩阵中将因子负荷除以对应特征值的平方根，可以得到三类直属高校投入指标每一个主成分对应的特征向量，见表 5 - 17。

表 5 - 17　2007—2011 年三类直属高校投入主成分对应的特征向量

投入指标	综合类高校		大理类高校		大文类高校		
	一	二	一	二	一	二	三
专任教师数	0.336	-0.244	0.316	0.170	0.389	-0.051	-0.019
行政人员数	0.327	-0.081	0.322	-0.176	0.330	0.291	0.027
教辅及工勤人员数	0.286	0.015	0.250	-0.252	0.246	0.398	0.188
博士学位专任教师数	0.318	0.082	0.281	-0.110	0.332	0.085	-0.207
研究与发展全时人员数	0.334	-0.077	0.323	-0.162	0.303	0.148	0.028
科研经费拨款	0.277	0.326	0.265	-0.445	0.108	0.062	0.731
教育经费投入	0.249	0.461	0.329	-0.157	0.338	-0.040	-0.226
实验室（实习场所）面积	0.279	-0.004	0.338	0.099	0.251	-0.292	0.409
图书册数	0.321	0.137	0.331	0.250	0.366	-0.084	-0.019
图书馆面积	0.248	-0.306	0.208	0.505	0.307	-0.267	-0.374
教室面积	0.248	-0.591	0.226	0.529	0.228	-0.469	0.154
其他经费拨款	0.209	0.376	0.234	-0.093	0.091	0.580	-0.059

基于特征向量值，可以分别得到投入主成分对应的函数（函数式略），将2007—2011年各直属学校各项投入指标数据代入各自的主成分函数中，计算出每一年度每个直属高校在各主成分上的得分；然后以各主成分的方差贡献率比重为权数，对主成分得分进行加权平均，得到投入指标综合得分。投入综合得分计算公式为：

$Y_{(综合)} = (0.60729 \times F1 + 0.10135 \times F2) \div 0.70864$；$Y_{(大理)} = (0.57295 \times F1 + 0.15106 \times F2) \div 0.72401$；$Y_{(大文)} = (0.5265 \times F1 + 0.13892 \times F2 + 0.10510 \times F3) \div 0.77037$。

计算公式的内涵解释同产出综合得分计算公式。

二、产出、投入得分及绩效结果

依据前面的主成分运算结果，分别得到各类直属高校2007—2011年5年的投入综合得分和产出综合得分。

（一）各类直属高校2007—2011年的投入综合得分

各类直属高校2007—2011年的投入综合得分情况见表5-18。

表5-18　2007—2011年三类直属高校5年投入综合得分及排序

大理类高校			综合类高校			大文类高校		
学校名称	得分	排序	学校名称	得分	排序	学校名称	得分	排序
清华大学	1.0000	1	北京大学	1.0000	1	中南财经政法大学	1.0000	1
华中科技大学	0.8347	2	吉林大学	0.9724	2	中国传媒大学	0.8801	2
同济大学	0.8071	3	浙江大学	0.8688	3	西南财经大学	0.8086	3
华南理工大学	0.6459	4	四川大学	0.8058	4	中国政法大学	0.7426	4
西南交通大学	0.6272	5	上海交通大学	0.8013	5	对外经济贸易大学	0.7188	5
武汉理工大学	0.6196	6	武汉大学	0.7512	6	上海财经大学	0.6997	6
中国矿业大学	0.5902	7	山东大学	0.7291	7	中央财经大学	0.6622	7

续表

大理类高校			综合类高校			大文类高校		
学校名称	得分	排序	学校名称	得分	排序	学校名称	得分	排序
中国石油大学	0. 5820	8	中山大学	0. 7284	8	北京外国语大学	0. 5910	8
大连理工大学	0. 5404	9	复旦大学	0. 6644	9	北京语言大学	0. 5534	9
东北大学	0. 5051	10	中南大学	0. 5487	10	上海外国语大学	0. 5369	10
中国地质大学	0. 4926	11	南京大学	0. 5031	11	中央美术学院	0. 3131	11
天津大学	0. 4913	12	厦门大学	0. 4856	12	中央音乐学院	0. 2310	12
华东理工大学	0. 4880	13	西安交通大学	0. 4798	13	中央戏剧学院	0. 1419	13
电子科技大学	0. 4600	14	重庆大学	0. 4686	14			
合肥工业大学	0. 4504	15	西南大学	0. 4596	15			
西安电子科技大学	0. 4482	16	南开大学	0. 4401	16			
长安大学	0. 4426	17	东南大学	0. 4401	17			
西北农林科技大学	0. 4335	18	华东师范大学	0. 4366	18			
东北林业大学	0. 4329	19	中国人民大学	0. 3991	19			
河海大学	0. 3878	20	北京师范大学	0. 3678	20			
中国农业大学	0. 3784	21	湖南大学	0. 3550	21			
北京交通大学	0. 3568	22	兰州大学	0. 3475	22			
东华大学	0. 3541	23	中国海洋大学	0. 3066	23			
南京农业大学	0. 3463	24	华中师范大学	0. 2914	24			
北京科技大学	0. 3427	25	东北师范大学	0. 2907	25			
华北电力大学	0. 3425	26	江南大学	0. 2749	26			
华中农业大学	0. 3105	27	陕西师范大学	0. 2609	27			
中国药科大学	0. 3021	28						
北京邮电大学	0. 2603	29						
北京化工大学	0. 2347	30						
北京林业大学	0. 2310	31						
北京中医药大学	0. 1582	32						

从表中可以看到，大理类投入得分排序前三位的高校依次是清华大学、华中科技大学和同济大学，排序后三位的高校依次是北京中医药大学、北京林业大学和北京化工大学；综合类投入得分排序前三位的高校依次是北京大学、吉林大学和浙江大学，排序后三位的高校依次是陕西师范大学、东北师范大学和华中师范大学；大文类投入得分排序前三位的高校依次是中南财经政法大学、西南财经大学和中国传媒大学，排序后三位的高校依次是中央戏剧学院、中央音乐学院和中央美术学院。

（二）各类直属高校 2007—2011 年的产出综合得分

各类直属高校 2007—2011 年的产出综合得分情况见表 5－19。

表 5－19　2007—2011 年三类直属高校 5 年产出综合得分及排序

大理类高校			综合类高校			大文类高校		
学校名称	得分	排序	学校名称	得分	排序	学校名称	得分	排序
清华大学	1.0000	1	浙江大学	1.0000	1	上海财经大学	1.0000	1
华中科技大学	0.5652	2	北京大学	0.9171	2	对外经济贸易大学	0.9407	2
华南理工大学	0.3737	3	武汉大学	0.7544	3	中国传媒大学	0.9149	3
同济大学	0.3734	4	复旦大学	0.7201	4	中南财经政法大学	0.8399	4
天津大学	0.3644	5	上海交通大学	0.6613	5	北京语言大学	0.7720	5
大连理工大学	0.3024	6	四川大学	0.6373	6	中国政法大学	0.7137	6
中国矿业大学	0.2986	7	山东大学	0.5717	7	中央财经大学	0.7032	7
中国农业大学	0.2888	8	中山大学	0.5502	8	北京外国语大学	0.6663	8
西南交通大学	0.2559	9	南京大学	0.5471	9	西南财经大学	0.6361	9
中国地质大学	0.2483	10	吉林大学	0.5415	10	上海外国语大学	0.5423	10
武汉理工大学	0.2463	11	中国人民大学	0.5292	11	中央美术学院	0.1426	11
中国石油大学	0.2416	12	北京师范大学	0.5166	12	中央音乐学院	0.1272	12

续表

大理类高校			综合类高校			大文类高校		
学校名称	得分	排序	学校名称	得分	排序	学校名称	得分	排序
北京交通大学	0.2340	13	南开大学	0.4731	13	中央戏剧学院	0.1023	13
华东理工大学	0.2338	14	中南大学	0.4430	14			
东北大学	0.2334	15	华东师范大学	0.4419	15			
电子科技大学	0.2151	16	西安交通大学	0.4191	16			
北京科技大学	0.2103	17	厦门大学	0.4181	17			
河海大学	0.1809	18	东南大学	0.3410	18			
南京农业大学	0.1753	19	重庆大学	0.3288	19			
西安电子科技大学	0.1681	20	华中师范大学	0.3004	20			
合肥工业大学	0.1549	21	湖南大学	0.2882	21			
东华大学	0.1473	22	西南大学	0.2827	22			
华中农业大学	0.1466	23	兰州大学	0.2703	23			
北京邮电大学	0.1410	24	江南大学	0.2113	24			
长安大学	0.1346	25	东北师范大学	0.2079	25			
华北电力大学	0.1315	26	陕西师范大学	0.1748	26			
西北农林科技大学	0.1237	27	中国海洋大学	0.1664	27			
北京化工大学	0.1135	28						
北京林业大学	0.0924	29						
东北林业大学	0.0842	30						
中国药科大学	0.0766	31						
北京中医药大学	0.0532	32						

从表中可以看到，大理类产出得分排序前三位的高校依次是清华大学、华中科技大学和华南理工大学，排序后三位的高校依次是北京中医药大学、中国药科大学和东北林业大学；综合类产出得分排序前三位的高校依次是浙江大学、北京大学和武汉大学，排序后三位的高校依次是中国海洋大学、陕西师范大学和东北师范大学；大文类产出得分排序前三位的高校依次是上海财经大学、对外经济贸易大学和中国传媒大学，排序后三位的高校依次是中央戏剧学院、中央音乐学院和中央美术学院。

（三）各类直属高校2007—2011年的绩效状况

本次绩效评价采用位差方式呈现直属高校的绩效状况。即，通过比较不同类别高校投入排序与产出排序的位序差来呈现不同高校的相对绩效状况，并根据位序差值的大小将高校进行绩效归类。产出序与投入序之间的位序差分为三类：产出序高于投入序、产出序等于投入序及产出序低于投入序。将产出排序与投入排序差值为0的归入“绩效相当”类，表明高校的投入获得了相应的产出，相对效率平稳，绩效相当；产出排序高于投入排序1位以上的归入“绩效偏高”类，表明高校的投入获得了更多的产出，相对效率较好，绩效偏高；产出排序低于投入排序1位以上的归入“绩效偏低”类，表明高校的投入未能获得相应的产出，相对效率较弱，绩效偏低。

根据前面各直属高校的投入与产出得分排序比较，可以得到直属高校绩效的归类状况如表5－20。

表5－20　2007—2011年72所直属高校的绩效归类情况

绩效类别	位差	学校名称
绩效偏高（28所）	13	中国农业大学
	9	北京交通大学
	8	北京科技大学、中国人民大学、北京师范大学
	7	天津大学
	5	复旦大学、南京农业大学、北京邮电大学、上海财经大学

续表

绩效类别	位差	学校名称
绩效偏高（28 所）	4	华中师范大学、北京语言大学、华中农业大学
	3	武汉大学、南开大学、大连理工大学、华东师范大学、对外经济贸易大学
	2	浙江大学、南京大学、河海大学、北京化工大学、北京林业大学、江南大学
	1	华南理工大学、中国地质大学、东华大学、陕西师范大学
绩效相当（16 所）	0	清华大学、上海交通大学、华中科技大学、山东大学、中山大学、湖南大学、中国矿业大学、华北电力大学、东北师范大学、北京中医药大学、北京外国语大学、中央财经大学、上海外国语大学、中央美术学院、中央戏剧学院、中央音乐学院
绩效偏低（28 所）	-1	北京大学、东南大学、同济大学、兰州大学、华东理工大学、中国传媒大学
	-2	四川大学、电子科技大学、中国政法大学
	-3	西安交通大学、中国药科大学、中南财经政法大学
	-4	西南交通大学、中国石油大学、西安电子科技大学、中南大学、中国海洋大学
	-5	厦门大学、重庆大学、武汉理工大学、东北大学
	-6	合肥工业大学、西南财经大学
	-7	西南大学
	-8	吉林大学、长安大学
	-9	西北农林科技大学
	-11	东北林业大学

注：位差相同高校依产出得分高低序列呈现。

从表中可见，72 所直属高校中，“绩效偏高”类别的高校共有 28 所，含 11 所综合类高校，14 所大理类高校，3 所大文类高校。“绩效相当”类别的高校共有 16 所，含综合类高校 5 所，大理类高校 5 所，大文类高校 6 所，“绩效偏低”类别的高校共有 28 所，含综合类高校 11 所，大理类高校 13 所，大文类高校 4 所。

换言之，综合类高校中，41%的高校进入“绩效偏高”类别，19%的高校进入“绩效相当”类别，40%的高校进入“绩效偏低”类别。大理类高校中，44%的高校进入“绩效偏高”类别，16%的高校进入“绩效相当”类别，40%的高校进入“绩效偏低”类别。大文类高校中，23%的高校进入“绩效偏高”类别，46%的高校进入“绩效相当”类别，30%的高校进入“绩效偏低”类别，见表5-21。

表5-21　2007—2011年72所直属高校绩效的类别数量分布

类　别	绩效偏高	绩效相当	绩效偏低	合　计
大文类	3	6	4	13
大理类	14	5	13	32
综合类	11	5	11	27
合计	28	16	28	72

第三节　直属高校投入、产出的相对效率

DEA（Data Envelopement Analysis）数据包络分析是一种测算具有相同类型投入和产出若干部门相对效率的有效方法，在高校绩效评价中也得到了较为广泛的应用。如安（Ahn）、查恩斯（Charnes）和库珀（Cooper）针对美国公私立大学中一些具有博士学位授予权的高校进行评估，发现公立大学比私立大学更有效率；另外，安等人又对德克萨斯州内的33所大学及学院进行比较，使用4种投入与4种产出进行分析，认为DEA模式相较于简单的比率分析，确实比较适合衡量教学单位效率表现。[①]阿基兰

① AHN，T.，CHARNES，A. COOPER，W. W. Some Statistical and DEA Evaluations of Relative Efficiencies of Public and Private Institutions of Higher Learning［J］. Social Economic Planning Science，1989，22（6）：259-269.

（Avkiran）采用 DEA 衡量了澳大利亚 36 所大学的办学绩效。① 本节采用 DEA 方法对三类直属高校的投入与产出的有效性进行 DEA 分析，作为对位差方式呈现直属高校绩效结果的补充。

一、分析方法：DEA 模型

DEA 分析方法实质是根据一组关于输入输出的观察值，采用数学规划模型，来估计有效生产的前沿面，再将各决策单元（Decision Making Unit，DMU）与前沿面进行比较，进而衡量效率是否有效。凡处在前沿面上的决策单元认定其投入产出组合具有效率，其效率值定为 1；不在前沿面上的则认为无效率，同时以前沿面上的有效点为标准，给予一个相对的效率值，其区间在 0—1 之间。

经典的 DEA 模型主要有两种：CCR 模型和 BCC 模型。CCR 模型是 1978 年查恩斯、库珀和罗德斯（E. Rhodes）首先提出的第一个 DEA 分析模型。1984 年班克（R. Banker）、查恩斯和库珀又给出了被称为 BCC 的模型。其后研究者又开发出更多的 DEA 分析模型，但均是在 CCR 模型和 BCC 模型基础上的拓展与延伸。CCR 模型和 BCC 模型的区别在于：CCR 模型是以固定规模报酬来衡量 DMU 的综合效率，即将所有的 DMU 进行相互间比较；而在 BCC 模型中则以变动规模报酬来衡量纯技术效率，即将条件相同的 DMU 分别做比较，但其中仍存在着决策单位间是否处于适当生产规模下的生产差异，因此，必须一并考虑规模效率，这样在 BCC 模型中，综合效率、纯技术效率和规模效率三者之间的关系是规模效率 = 综合效率/纯技术效率。BCC 模型相较 CCR 模型能更好地从不同方面分析相对效率。

在 BCC 模型中，三种效率的具体含义如下：综合技术效率是对决策单元的资源配置能力、资源使用效率等多方面能力的综合衡量与评价，纯技术效率是高校由于管理和技术等因素影响的生产效率，规模效率是

---

① AVKIRAN N. K. Investigating Technical and Scale Efficiencies of Australian Universities through Data Envelopment Analysis [J]. Socio – Economic Planning Sciences, 2001, 35: 57 – 80.

由于高校规模因素影响的生产效率。综合技术效率 =1，表示该决策单元的投入产出是综合有效的，即同时技术有效和规模有效。纯技术效率 =1，表示在目前的技术水平上，其投入资源的使用是有效率的，未能达到综合有效的根本原因在于规模无效，因此其改革的重点在于如何更好地发挥规模效益。规模效率还有三种不同模式：适宜模式表示高校相对绩效处于规模报酬最适阶段，此时可继续保持目前投入规模；递减模式表示高校相对绩效处于规模报酬递减阶段，此时需减少投入规模；递增模式表示高校相对绩效处于规模报酬递增阶段，此时可适当扩大投入规模。

虽然 DEA 方法应用广泛并逐渐完善，但它还是存在着“与生俱来”的局限性，这些局限性来源于该方法的前提假设和计算公式等。DEA 方法的局限性主要有：（1）作为一种相对效率评价方法，效率值只反映当前 DMU 的相对情况，当 DMU 发生变化时，效率评价结果也会发生改变，而且效率值的大小并不能反映 DMU 效率的绝对情况；（2）分辨率低，当 DMU 数量较多时容易聚堆，反映不出不同 DMU 真实效率差别，且效率不可比，难以排序；（3）要求投入和产出指标不宜太多，指标较多时容易使所有 DMU 效率都为 1，无法对 DMU 的效率值加以区分辨识。①

由于直属高校在办学规模上存在较大差异，因此，本节拟采用 BCC 模型对三类直属高校投入与产出的 DEA 有效性进行分析。考虑到 DEA 方法具有劣中选优的局限性，并且由于投入与产出项之和过多而 DMU 仅有 72 个，再将其分成综合、大文和大理三类后，就会导致 DMU 数目不符合受评单位的个数至少是投入与产出项目数综合的两倍以上的经验法则。因此，采用减少产出项目的方法，将产出项分为三类——教学、科研和社会服务，分别对其进行 DEA 分析。

① 喻登科，邓群钊. DEA 方法应用的若干思考［J］. 现代管理科学，2012（10）：20-23.

二、直属高校投入与教学产出的 DEA 分析

采用 DEA 软件 DEAP－XP1 分别对三类直属高校的投入与教学产出进行 BCC 模型分析，结果见表 5－22。从中可见，共有 10 所直属高校未达到教学产出综合效率有效，其中综合类 5 所，在 27 所综合类高校中占比为 19%；大理类为 5 所，在 32 所大理类高校中占比为 16%，并且这 10 所高校的规模效率模式均处于递减阶段。结合纯技术效率和规模效率进行分析，吉林大学、西安交通大学和同济大学 3 所高校尽管未达到综合有效，但其纯技术效率为 1，说明在当前技术水平上，这 3 所高校的投入资源使用是有效率的，未达到综合有效的根本原因是其规模无效，因此这 3 所高校应重点关注如何更好发挥规模效益。

表 5－22　三类直属高校投入与教学产出的 DEA 相对效率表

学校类型	学校名称	综合效率	纯技术效率	规模效率	规模效率模式
综合类高校	北京大学	1	1	1	适宜模式
	中国人民大学	1	1	1	适宜模式
	北京师范大学	1	1	1	适宜模式
	南开大学	1	1	1	适宜模式
	吉林大学	0.873	1	0.873	递减模式
	东北师范大学	1	1	1	适宜模式
	复旦大学	1	1	1	适宜模式
	上海交通大学	1	1	1	适宜模式
	华东师范大学	0.883	0.938	0.941	递减模式
	南京大学	1	1	1	适宜模式
	东南大学	1	1	1	适宜模式
	江南大学	1	1	1	适宜模式
	浙江大学	1	1	1	适宜模式

续表

学校类型	学校名称	综合效率	纯技术效率	规模效率	规模效率模式
综合类高校	厦门大学	0.834	0.949	0.879	递减模式
	山东大学	1	1	1	适宜模式
	中国海洋大学	0.919	0.92	0.999	递减模式
	武汉大学	1	1	1	适宜模式
	华中师范大学	1	1	1	适宜模式
	湖南大学	1	1	1	适宜模式
	中南大学	1	1	1	适宜模式
	中山大学	1	1	1	适宜模式
	重庆大学	1	1	1	适宜模式
	西南大学	1	1	1	适宜模式
	四川大学	1	1	1	适宜模式
	西安交通大学	0.966	1	0.966	递减模式
	陕西师范大学	1	1	1	适宜模式
	兰州大学	1	1	1	适宜模式
大理类高校	清华大学	1	1	1	适宜模式
	北京交通大学	1	1	1	适宜模式
	北京科技大学	1	1	1	适宜模式
	北京化工大学	1	1	1	适宜模式
	北京邮电大学	1	1	1	适宜模式
	中国农业大学	1	1	1	适宜模式
	北京林业大学	1	1	1	适宜模式
	北京中医药大学	1	1	1	适宜模式
	华北电力大学	1	1	1	适宜模式
	中国石油大学	1	1	1	适宜模式
	天津大学	1	1	1	适宜模式

续表

学校类型	学校名称	综合效率	纯技术效率	规模效率	规模效率模式
大理类高校	大连理工大学	1	1	1	适宜模式
	东北大学	1	1	1	适宜模式
	东北林业大学	0.775	0.78	0.994	递减模式
	同济大学	0.954	1	0.954	递减模式
	华东理工大学	0.879	0.889	0.989	递减模式
	东华大学	1	1	1	适宜模式
	中国矿业大学	1	1	1	适宜模式
	河海大学	1	1	1	适宜模式
	南京农业大学	1	1	1	适宜模式
	中国药科大学	1	1	1	适宜模式
	合肥工业大学	1	1	1	适宜模式
	华中科技大学	1	1	1	适宜模式
	中国地质大学	1	1	1	适宜模式
	武汉理工大学	1	1	1	适宜模式
	华中农业大学	1	1	1	适宜模式
	华南理工大学	1	1	1	适宜模式
	西南交通大学	1	1	1	适宜模式
	电子科技大学	1	1	1	适宜模式
	西安电子科技大学	1	1	1	适宜模式
	长安大学	0.924	0.97	0.953	递减模式
	西北农林科技大学	0.975	0.977	0.997	递减模式
大文类高校	北京外国语大学	1	1	1	适宜模式
	北京语言大学	1	1	1	适宜模式
	中国传媒大学	1	1	1	适宜模式
	中央财经大学	1	1	1	适宜模式

续表

学校类型	学校名称	综合效率	纯技术效率	规模效率	规模效率模式
大文类高校	对外经济贸易大学	1	1	1	适宜模式
	中央音乐学院	1	1	1	适宜模式
	中央美术学院	1	1	1	适宜模式
	中央戏剧学院	1	1	1	适宜模式
	中国政法大学	1	1	1	适宜模式
	上海外国语大学	1	1	1	适宜模式
	上海财经大学	1	1	1	适宜模式
	中南财经政法大学	1	1	1	适宜模式
	西南财经大学	1	1	1	适宜模式

注：表中学校的呈现顺序依据为教育事业统计报表中的学校代码，下同。

三、直属高校投入与科研产出之间的相对效率分析

对三类直属高校分别进行投入与科研产出的 DEA 有效性分析，获得的结果见表 5－23。从中看到，共有 11 所直属高校属于科研产出综合效率无效，其中综合类 2 所，在 27 所综合类高校中占比为 7%；大理类 8 所，在 32 所大理类高校中占比为 25%；大文类 1 所，在 13 所大文类高校中占比为 8%。有 5 所直属高校处于规模效率模式递减阶段，有 6 所处于递增阶段。吉林大学、北京中医药大学 2 所高校尽管未达到综合有效，但其纯技术效率为 1，说明在当前技术水平上，这 2 所高校的投入资源使用是有效率的，未达到综合有效的根本原因是规模无效，因此这 2 所高校应重点关注如何采取相应措施更好地发挥规模效益。

表 5－23　三类直属高校投入与科研产出的 DEA 相对效率表

学校类别	学校名称	综合效率	纯技术效率	规模效率	规模效率模式
综合类高校	北京大学	1	1	1	适宜模式
	中国人民大学	1	1	1	适宜模式
	北京师范大学	1	1	1	适宜模式
	南开大学	1	1	1	适宜模式
	吉林大学	0.982	1	0.982	递减模式
	东北师范大学	1	1	1	适宜模式
	复旦大学	1	1	1	适宜模式
	上海交通大学	1	1	1	适宜模式
	华东师范大学	1	1	1	适宜模式
	南京大学	1	1	1	适宜模式
	东南大学	1	1	1	适宜模式
	江南大学	1	1	1	适宜模式
	浙江大学	1	1	1	适宜模式
	厦门大学	1	1	1	适宜模式
	山东大学	1	1	1	适宜模式
	中国海洋大学	0.729	0.768	0.949	递增模式
	武汉大学	1	1	1	适宜模式
	华中师范大学	1	1	1	适宜模式
	湖南大学	1	1	1	适宜模式
	中南大学	1	1	1	适宜模式
	中山大学	1	1	1	适宜模式
	重庆大学	1	1	1	适宜模式
	西南大学	1	1	1	适宜模式
	四川大学	1	1	1	适宜模式
	西安交通大学	1	1	1	适宜模式
	陕西师范大学	1	1	1	适宜模式
	兰州大学	1	1	1	适宜模式

续表

学校类别	学校名称	综合效率	纯技术效率	规模效率	规模效率模式
大理类高校	清华大学	1	1	1	适宜模式
	北京交通大学	1	1	1	适宜模式
	北京科技大学	1	1	1	适宜模式
	北京化工大学	1	1	1	适宜模式
	北京邮电大学	1	1	1	适宜模式
	中国农业大学	1	1	1	适宜模式
	北京林业大学	0. 836	0. 924	0. 905	递增模式
	北京中医药大学	0. 915	1	0. 915	递增模式
	华北电力大学	1	1	1	适宜模式
	中国石油大学	1	1	1	适宜模式
	天津大学	1	1	1	适宜模式
	大连理工大学	1	1	1	适宜模式
	东北大学	1	1	1	适宜模式
	东北林业大学	0. 584	0. 626	0. 932	递减模式
	同济大学	0. 767	0. 8	0. 959	递减模式
	华东理工大学	1	1	1	适宜模式
	东华大学	1	1	1	适宜模式
	中国矿业大学	1	1	1	适宜模式
	河海大学	1	1	1	适宜模式
	南京农业大学	1	1	1	适宜模式
	中国药科大学	1	1	1	适宜模式
	合肥工业大学	0. 931	0. 985	0. 945	递增模式
	华中科技大学	1	1	1	适宜模式
	中国地质大学	0. 891	0. 893	0. 997	递减模式
	武汉理工大学	0. 92	0. 948	0. 971	递减模式
	华中农业大学	1	1	1	适宜模式
	华南理工大学	1	1	1	适宜模式

续表

学校类别	学校名称	综合效率	纯技术效率	规模效率	规模效率模式
大理类高校	西南交通大学	1	1	1	适宜模式
	电子科技大学	1	1	1	适宜模式
	西安电子科技大学	1	1	1	适宜模式
	长安大学	1	1	1	适宜模式
	西北农林科技大学	0.679	0.699	0.971	递增模式
大文类高校	北京外国语大学	1	1	1	适宜模式
	北京语言大学	0.728	0.851	0.855	递增模式
	中国传媒大学	1	1	1	适宜模式
	中央财经大学	1	1	1	适宜模式
	对外经济贸易大学	1	1	1	适宜模式
	中央音乐学院	1	1	1	适宜模式
	中央美术学院	1	1	1	适宜模式
	中央戏剧学院	1	1	1	适宜模式
	中国政法大学	1	1	1	适宜模式
	上海外国语大学	1	1	1	适宜模式
	上海财经大学	1	1	1	适宜模式
	中南财经政法大学	1	1	1	适宜模式
	西南财经大学	1	1	1	适宜模式

四、直属高校投入与社会服务产出的相对效率分析

对三类直属高校分别进行投入与社会服务产出的 DEA 有效性分析，获得结果见表 5－24。从中看到，绝大多数直属高校社会服务综合效率无效，仅有 11 所直属高校属于综合效率有效，其中综合类 6 所，在 27 所综合类高校中占比为 22%；大理类为 3 所，在 32 所大理类高校中占比为 9%；大文类 6 所，在 13 所大文类高校中占比为 46%。综合效率无效的高校中，有 8 所处于规模效率模式递减阶段，其余 46 所处于递增阶段。说明在当前

投入水平下，大多数直属高校的社会服务功能未能充分发挥。

表 5－24　三类直属高校投入与社会服务产出之间的 DEA 相对效率表

学校类别	学校名称	综合效率	纯技术效率	规模效率	规模效率模式
综合类高校	北京大学	0.439	0.442	0.992	递增模式
	中国人民大学	1	1	1	适宜模式
	北京师范大学	0.538	1	0.538	递增模式
	南开大学	1	1	1	适宜模式
	吉林大学	0.172	0.177	0.975	递减模式
	东北师范大学	0.171	0.178	0.964	递增模式
	复旦大学	0.719	0.726	0.99	递增模式
	上海交通大学	0.592	0.601	0.985	递增模式
	华东师范大学	1	1	1	适宜模式
	南京大学	0.261	0.299	0.873	递增模式
	东南大学	1	1	1	适宜模式
	江南大学	0.622	0.703	0.884	递增模式
	浙江大学	1	1	1	适宜模式
	厦门大学	0.832	0.849	0.98	递减模式
	山东大学	0.686	0.766	0.895	递减模式
	中国海洋大学	0.082	0.09	0.913	递增模式
	武汉大学	1	1	1	适宜模式
	华中师范大学	0.543	0.563	0.964	递增模式
	湖南大学	0.261	0.271	0.963	递增模式
	中南大学	0.249	0.267	0.936	递增模式
	中山大学	0.918	0.947	0.969	递增模式
	重庆大学	0.492	0.548	0.898	递增模式
	西南大学	0.718	0.732	0.98	递增模式
	四川大学	0.435	0.446	0.975	递减模式

续表

学校类别	学校名称	综合效率	纯技术效率	规模效率	规模效率模式
综合类高校	西安交通大学	0.636	0.655	0.971	递增模式
	陕西师范大学	0.176	0.178	0.987	递增模式
	兰州大学	0.072	0.074	0.979	递增模式
大理类高校	清华大学	1	1	1	适宜模式
	北京交通大学	0.478	0.507	0.944	递增模式
	北京科技大学	0.117	0.135	0.867	递增模式
	北京化工大学	0.757	0.967	0.783	递增模式
	北京邮电大学	0.572	0.617	0.927	递增模式
	中国农业大学	0.029	0.031	0.936	递增模式
	北京林业大学	0.047	0.061	0.773	递增模式
	北京中医药大学	0.036	0.147	0.243	递增模式
	华北电力大学	0.033	0.034	0.98	递增模式
	中国石油大学	0.315	0.334	0.944	递减模式
	天津大学	0.646	0.671	0.963	递增模式
	大连理工大学	0.237	0.245	0.97	递增模式
	东北大学	0.085	0.093	0.915	递减模式
	东北林业大学	0.138	0.148	0.933	递增模式
	同济大学	0.105	0.107	0.981	递减模式
	华东理工大学	1	1	1	适宜模式
	东华大学	0.449	0.509	0.881	递增模式
	中国矿业大学	0.188	0.195	0.964	递增模式
	河海大学	0.333	0.401	0.831	递增模式
	南京农业大学	0.371	0.44	0.843	递增模式
	中国药科大学	0.246	0.303	0.811	递增模式
	合肥工业大学	0.878	0.878	1	适宜模式

续表

学校类别	学校名称	综合效率	纯技术效率	规模效率	规模效率模式
综合类高校	华中科技大学	0.104	0.107	0.975	递减模式
	中国地质大学	0.048	0.05	0.972	递增模式
	武汉理工大学	0.531	0.598	0.888	递减模式
	华中农业大学	0.206	0.226	0.911	递增模式
	华南理工大学	1	1	1	适宜模式
	西南交通大学	0.06	0.06	0.998	适宜模式
	电子科技大学	0.085	0.093	0.911	递增模式
	西安电子科技大学	0.086	0.095	0.904	递增模式
	长安大学	0.532	0.532	1	适宜模式
	西北农林科技大学	0.042	0.045	0.932	递增模式
大文类高校	北京外国语大学	1	1	1	适宜模式
	北京语言大学	0.555	0.655	0.847	递增模式
	中国传媒大学	1	1	1	适宜模式
	中央财经大学	0.486	0.609	0.798	递增模式
	对外经济贸易大学	1	1	1	适宜模式
	中央音乐学院	0.166	1	0.166	递增模式
	中央美术学院	0.057	1	0.057	递增模式
	中央戏剧学院	1	1	1	适宜模式
	中国政法大学	1	1	1	适宜模式
	上海外国语大学	0.255	0.36	0.708	递增模式
	上海财经大学	1	1	1	适宜模式
	中南财经政法大学	0.643	0.831	0.773	递增模式
	西南财经大学	0.7	0.819	0.855	递增模式

总之，通过对三类直属高校教学、科研以及社会服务等三项产出的DEA有效性分析可以看到，教学和科研综合有效的直属高校数量相对较

多，一些高校受制于规模因素未能达到综合有效，通过规模调整也能较快实现产出的综合有效。而大多数高校社会服务产出效率较低，说明直属高校的社会服务职能发挥得还不够，仅有 11 所属于综合效率有效，在 72 所直属高校中占比仅为 15%。因此，需要采取多种措施，扩大社会服务产出，提高直属高校的社会服务效益。

第六章

2012年高校绩效评价：投入、产出指标分析

本章首先使用判别分析法来阐释直属高校内部绩效与投入、产出不同指标的关系，寻找绩效与投入、产出指标之间的关联度；然后对直属高校的投入、产出指标原始数据进行变量分析，考察各类高校关键指标的基本变化趋势。

第一节　直属高校投入、产出指标对绩效的影响

前面章节通过产出与投入排序的差异对比，将直属高校绩效情况分为绩效偏高、绩效相当与绩效偏低三类。为进一步探讨影响直属高校绩效水平的因素，需要进一步分析绩效分类与投入、产出指标之间的关系。目前已有研究中分析投入产出关系的方法有许多，本节着重使用判别分析法来阐释高校绩效与投入、产出不同指标的关系，寻找绩效与投入、产出指标之间的关联度。

一、分析方法：判别分析法

采用判别分析法探讨直属高校绩效与投入、产出指标关系的原因在于，直属高校绩效水平属于类别变量（分为三类），而投入、产出指标则属于连续变量。判别分析法恰是用来研究类别变量与连续变量之间关系的

常用统计方法。判别分析（Discriminant Analysis）是在已知对象分成若干类（或组别）并已取得各种类的一批已知样本观测数据的基础上根据某些准则建立判别函数，再将要进行分类的样本的相应指标代入判别函数，然后对未知类型的样本进行判别分类。[①] 其基本原理是按照一定的判别准则，建立一个或多个判别函数，用研究对象的大量资料确定判别函数中的待定系数，并计算判别指标。据此即可确定某一样本属于何类。进行判别分析的目的主要是进行预测和解释。预测是根据现有观测值所建立的判别方程，计算判别指标进而确定样本所属类别，预测是判别分析的主要用途。使用判别分析进行解释，则是通过分析各自变量在判别方程上的结构负荷量大小，来解释自变量与因变量之间的关系。本节主要根据判别分析的解释功能，分析投入、产出指标与绩效分类之间的关系。

具体做法是：以前面研究获得的直属高校绩效分类作为因变量，以投入、产出指标作为自变量，分别建立判别方程并进行显著性检验，分析投入、产出指标在判别方程上的结构负荷量大小，负荷量越大说明指标对于绩效分类的影响作用越大，指标对于绩效水平的相对重要性也越大。下面分别针对三类直属高校进行判别分析。

二、综合类高校投入、产出对绩效分类的影响

采用 SPSS 软件中的 Fisher 判别法对综合类高校的绩效分类与投入、产出所有指标进行判别分析，获得判别方程特征值统计结果见表 6－1。由表 6－1 可知，综合类高校绩效分类与投入产出指标的判别分析可以形成两个判别方程。第一个判别方程的特征值为 7.778，可以解释因变量变异量的 68.3%；第二个判别方程的特征值为 3.618，可以解释因变量变异量的 31.7%。Wilks' Lambda 检验结果显著，表明这两个判别方程都能有效解释样本在因变量上的变异量。

① 黄燕，吴平，等．SAS 统计分析及应用［M］．北京：机械工业出版社，2005：315.

表 6－1 综合类高校判别方程的特征值统计结果

函 数	特征值	方差解释率	累积方差解释率	典型相关系数
1	7.778[a]	68.3	68.3	0.941
2	3.618[a]	31.7	100.0	0.885

注：分析中使用了前 2 个典型判别式函数。

判别方程中各自变量的标准化判别系数，代表各自变量对于计算观测值在该判别方程上判别分数的相对重要性，系数越大，表示该自变量的重要性越高。研究者可以根据判别系数的大小，来解释自变量在各判别方程的意义。但当自变量间有高相关时，特别出现多重共线性问题时，自变量的判别系数会出现不稳定的现象，可能会形成错误的解释。为了能准确解释各自变量在判别方程上的意义，完成判别方程的显著性检验后，会仿照因子分析的方式对判别方程进行转轴，以得到各自变量在判别方程上的结构负荷量（Structure Loading），作为解释自变量在判别方程上的意义。结构负荷量代表自变量与判别方程的相关，相关越高表示该自变量在解释判别方程上的重要性越高。综合类高校各投入产出指标在判别方程上的结构负荷量结果见表 6－2。

从表 6－2 中可以看到，出版专著数、专利出售当年实际收入、CSSCI 期刊论文数、当量在校生数、教室面积、专任教师数、社会培训数、当量省部级科研成果奖获奖数、研究报告采纳数、实验室与实习场所面积、研究与发展全时人员数、图书馆面积、教辅及工勤人员数、当量国家科技奖获奖数、教育经费投入、当量学历在校留学生数、国家级精品课程数、行政人员数、SSCI 期刊论文数和科研经费拨款等 20 项指标在第一个判别方程上的结构负荷量最大且相关显著，表明这些指标在第一个判别方程上的重要性高。其他指标在第二个判别方程上的重要性高。根据结构负荷量绝对值大小，可以看出，综合类高校判别分析中出版专著数、专利出售当年实际收入和 CSSCI 期刊论文数是第一判别方程最重要的三个指标；技术转让当年实际收入、其他经费拨款和 ESI 前 1% 学科数是第二判别方程最重要的三个指标。这些指标对于综合类高校绩效分类的区别作用更为显著。

表 6 – 2　综合类高校判别分析结构负荷量结果

	函数	
	1	2
出版专著数	-0.217*	0.004
专利出售当年实际收入（千元）[b]	0.200*	-0.149
CSSCI 期刊论文数	-0.175*	0.095
当量在校生数	0.160*	-0.036
教室面积	0.149*	-0.017
专任教师数	0.137*	-0.034
社会培训数	0.130*	0.091
当量省部级科研成果奖获奖数	0.129*	0.084
研究报告采纳数	-0.128*	0.030
实验室（实习场所）面积	0.119*	-0.042
研究与发展全时人员数	0.101*	-0.088
图书馆面积	0.097*	-0.067
教辅及工勤人员数	0.095*	0.050
当量国家科技奖获奖数	0.085*	-0.070
教育经费投入（拨款与收入）	0.079*	0.021
当量学历在校留学生数	-0.078*	0.016
精品课程数	-0.070*	0.017
行政人员数	0.064*	-0.021
SSCI 期刊论文数	-0.018*	0.003
科研经费拨款	0.017*	-0.015
技术转让当年实际收入	-0.002	-0.118*
其他经费拨款	-0.020	-0.112*
ESI 前 1% 学科数	-0.005	-0.106*
SCI 期刊论文数	-0.010	-0.089*
规划教材数	-0.047	0.069*

续表

	函数	
	1	2
研究与发展课题数[b]	0.062	0.066*
当量国家教学成果奖获奖数	-0.020	0.061*
EI 期刊论文数	0.049	-0.060*
百篇优秀博士学位论文数	0.003	-0.050*
图书册数	0.042	0.042*
具有博士学位专任教师数	0.005	-0.039*
发表论文总数	-0.028	-0.038*
特色专业数	0.019	0.020*
出版专著数	-0.217*	0.004

注：* 表示每个变量和任意判别式函数间最大的绝对相关性；

b. 表示该变量不在分析中使用。下同。

三、大理类高校投入、产出对绩效分类的影响

大理类高校判别方程特征值统计结果见表 6-3。由表 6-3 可知，大理类高校判别分析可以形成两个判别方程，第一个判别方程的特征值为 78.390，可以解释因变量变异量的 73.3%；第二个判别方程的特征值为 28.546，可以解释因变量变异量的 26.7%。Wilks' Lambda 检验结果显著，表明这两个判别方程都能有效解释样本在因变量上的变异量。

表 6-3 大理类高校判别方程的特征值统计结果

函数	特征值	方差解释率	累积方差解释率	典型相关系数
1	78.390[a]	73.3	73.3	0.994
2	28.546[a]	26.7	100.0	0.983

大理类高校各投入产出指标在判别方程上的结构负荷量结果见表 6-4。从中可以看到，教室面积、图书馆面积和研究与发展课题数这 3 项

产出指标在第一判别方程的重要性更大且相关显著；其余 28 项投入产出指标在第二判别方程的重要性更大，系数绝对值大小排前三的指标依次是当量学历留学生在校生数、社会培训数和专利出售当年实际收入。这些指标对于大理类高校绩效分类的区别作用更为显著。

表 6－4　大理类高校判别分析结构负荷量结果

	函数	
	1	2
教室面积	－0.085*	0.051
图书馆面积	－0.059*	0.028
研究与发展课题数	0.036*	－0.006
当量学历在校留学生数	0.011	0.117*
社会培训数	－0.089	0.117*
专利出售当年实际收入	0.017	0.108*
行政人员数	－0.008	0.089*
出版专著数	0.009	0.088*
当量省部级科研成果奖获奖数	0.003	0.088*
CSSCI 期刊论文数	0.030	0.087*
教辅及工勤人员数	－0.013	0.084*
SSCI 期刊论文数	0.016	0.077*
EI 期刊论文数	0.010	0.076*
百篇优秀博士学位论文数	0.030	0.075*
教育经费总额	－0.015	0.074*
发表论文总数	0.005	0.073*
当量国家科技奖获奖数	0.022	0.073*
科研经费拨款	0.017	0.071*
实验室（实习场所）面积	－0.030	0.071*
规划教材数	0.017	0.071*
当量在校生数	－0.015	0.064*

续表

	函 数	
	1	2
特色专业数	0.019	0.061*
图书册数	-0.050	0.058*
SCI 期刊论文数	0.020	0.056*
研究与发展全时人员数	-0.007	0.055*
专任教师数	-0.023	0.049*
具有博士学位专任教师数	0.015	0.049*
其他经费拨款	-0.021	0.048*
ESI 前 1% 学科数	0.022	0.047*
当量国家教学成果奖获奖数	0.012	0.032*
国家精品课程数	0.017	0.031*

四、大文类高校投入、产出对绩效分类的影响

大文类高校判别方程特征值统计结果见表 6-5。从中可以看到，大文类高校判别分析也可以形成两个判别方程，第一个判别方程的特征值为 132.553，可以解释因变量变异量的 87.3%；第二个判别方程的特征值为 19.343，可以解释因变量变异量的 12.7%。Wilks' Lambda 检验结果显著，表明这两个判别方程都能有效解释样本在因变量上的变异量。

表 6-5 大文类高校判别方程的特征值统计结果

函 数	特征值	方差解释率	累积方差解释率	典型相关系数
1	132.553[a]	87.3	87.3	0.996
2	19.343[a]	12.7	100.0	0.975

大文类高校各投入产出指标在判别方程上的结构负荷量结果见表 6-6。从中可以看到，特色专业数、教室面积和发表论文总数等 11 项投入产出指标在第一判别方程的重要性更大且相关显著；其余 15 项投入产出指

标在第二判别方程的重要性更大且相关显著，绝对值大小位列前三位的指标依次是当量国家教学成果奖获奖数、当量学历留学生在校生数和研究报告采纳数。这些指标对于大文类高校绩效分类的区别作用更为显著。

表 6－6　大文类高校判别分析结构负荷量结果

	函数	
	1	2
特色专业数	0. 339*	－0. 028
教室面积	－0. 275*	－0. 268
发表论文总数	0. 197*	－0. 062
其他经费拨款	0. 192*	－0. 176
研究与发展全时人员数	0. 147*	－0. 113
教育经费总额	0. 098*	－0. 014
图书馆面积	－0. 092*	0. 082
具有博士学位专任教师数	0. 074*	－0. 006
行政人员数	0. 067*	－0. 061
CSSCI 期刊论文数	0. 066*	0. 066
教辅及工勤人员数	0. 058*	－0. 046
当量国家教学成果奖获奖数	－0. 347	0. 539*
当量学历留学生在校生数	0. 089	－0. 510*
研究报告采纳数	－0. 044	0. 496*
百篇优秀博士学位论文数	－0. 189	0. 435*
出版专著数	－0. 231	－0. 385*
SSCI 期刊论文数	－0. 014	0. 251*
社会培训数	－0. 114	0. 219*
规划教材数	－0. 054	－0. 208*
国家精品课程数	－0. 133	0. 183*
当量在校生数	0. 110	－0. 157*
图书册数	0. 104	－0. 137*

续表

	函数	
	1	2
专任教师数	0.109	-0.110*
实验室（实习场所）面积	0.061	-0.101*
当量省部级科研成果获奖数	-0.077	0.094*
科研经费拨款	0.003	-0.073*

总之，通过以上判别分析可以发现，对于不同类型的直属高校，与其绩效类别划分关联性较大的投入、产出指标是有一定区别的。因此，需要针对不同类型直属高校在判别分析中的特点，重点关注结构负荷量较高的指标，通过分析这些指标情况，能够更为准确判定高校绩效所处位次。三类直属高校结构负荷量最大的投入、产出指标汇总见表6-7。

表6-7　三类高校第一判别方程结构负荷量较大投入产出指标汇总

指标类别	综合类	大理类	大文类
投入指标	教室面积 专任教师数 实验室(实习场所)面积 研究与发展全时人员数 图书馆面积	教室面积 图书馆面积 行政人员数 教辅及工勤人员数 教育经费总额	特色专业数 教室面积 其他经费拨款 研究与发展全时人员数 教育经费总额
产出指标	当量在校生数 出版专著数 专利出售当年实际收入 CSSCI 期刊论文数 社会培训数 当量省部级科研成果获奖数研究报告采纳数	研究与发展课题数 当量学历在校留学生数 社会培训数 专利出售当年实际收入 出版专著数	发表论文总数 CSSCI 期刊论文数 当量国家教学成果奖获奖数 研究报告采纳数 百篇优秀博士学位论文数

从中可以看到，投入指标中教室面积对三类高校绩效分类均有较大关联；研究与发展全时人员数对综合类和大文类高校绩效分类有关联；教育

经费总额对大理类和大文类高校绩效分类有关联。产出指标中不同类别高校区别较大，出版专著数、专利出售当年实际收入和社会培训数等三项指标对综合类和大理类高校绩效分类有较大关联；CSSCI 期刊论文数、研究报告采纳数两项指标对综合类和大文类高校绩效分类有较大关联；大理类和大文类高校没有影响绩效分类的共同产出指标。

第二节　直属高校投入、产出指标的变化态势

依据前面章节所呈现的高校绩效指标及基本方法，本节将对直属高校投入和产出之间的关系进行描述，分析指标的基本变化趋势，包括各指标在 2007—2011 年的均值状况、5 年间的变动情况，并对大理类、综合类、大文类高校进行单独分析。

一、各类直属高校投入指标的变化态势

基于 2007—2011 年教育部直属高校的投入指标进行描述，分析投入指标原始数据的变化状况以及在不同类型高校中的分布。整体而言，各类直属高校财力投入指标增速最快、人力投入次之、物力投入则呈趋稳的态势。

（一）各类直属高校内部的投入指标增长差异

数据表明，2007—2011 年各直属高校内部投入在不同维度上呈现不同增长态势，且投入指标的增长在不同学校的分布存有差异。

1. 大文类直属高校财力投入快速增长，人力投入次之，物力投入趋于平缓；科研经费拨款年均增速最快

2007—2011 年，大文类高校经费投入总体上呈现快速增长态势。其中增长速度最快的是科研经费拨款，年均增速达到 33%，高于教育经费投入 14 个百分点。人力指标中，具有博士学位专任教师数的年均增长速度接近 12%，高出专任教师数 9 个百分点。相对于财力投入和人力投入而言，大文类高校物力投入增幅较为平缓。5 年间，大文类高校实验室（实习场所）

面积年均增长速度不足 1%，教室面积年均递减 1.7%。概括而言，大文类高校财力投入增速最快，人力投入趋于稳定，物力投入较为平缓（图 6 - 1）。

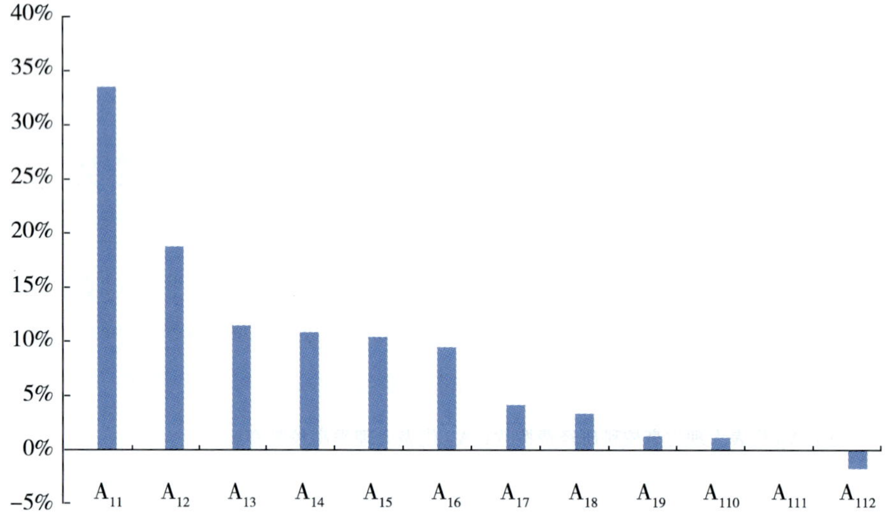

图 6 - 1　2007—2011 年大文类直属高校各投入指标的增长速度

注：A_{11} 代表大文类高校科研经费拨款；A_{12} 代表大文类高校教育经费投入；A_{13} 代表大文类高校具有博士学位专任教师数；A_{14} 代表大文类高校教辅及工勤人员数；A_{15} 代表大文类高校其他经费拨款；A_{16} 代表大文类高校研究与发展全时人员数；A_{17} 代表大文类高校图书册数；A_{18} 代表大文类高校专任教师数；A_{19} 代表大文类高校图书馆面积；A_{110} 代表大文类高校行政人员数；A_{111} 代表大文类高校实验室（实习场所）面积；A_{112} 代表大文类高校教室面积。

2. 大理类直属高校财力投入稳定增长，其次是人力投入，物力投入有所回落；科研经费拨款年均增速达 21%

2007—2011 年，大理类直属高校经费投入总体上呈现稳定增长态势。其中，科研经费拨款增速最快，达到 21%；略高于教育经费投入不到 1 个百分点，高于其他经费拨款 7 个百分点。人力指标中，具有博士学位专任教师数年均增长速度接近 12%，高于专任教师数接近 12 个百分点。相对于财力投入和人力投入而言，大理类直属高校物力投入有所回落，5 年间，大理类高校实验室（实习场所）面积以及教室面积分别年均递减 2.4% 和 1.9%。概括而言，大理类高校财力投入增速最快，物力投入有所回落（图 6 - 2）。

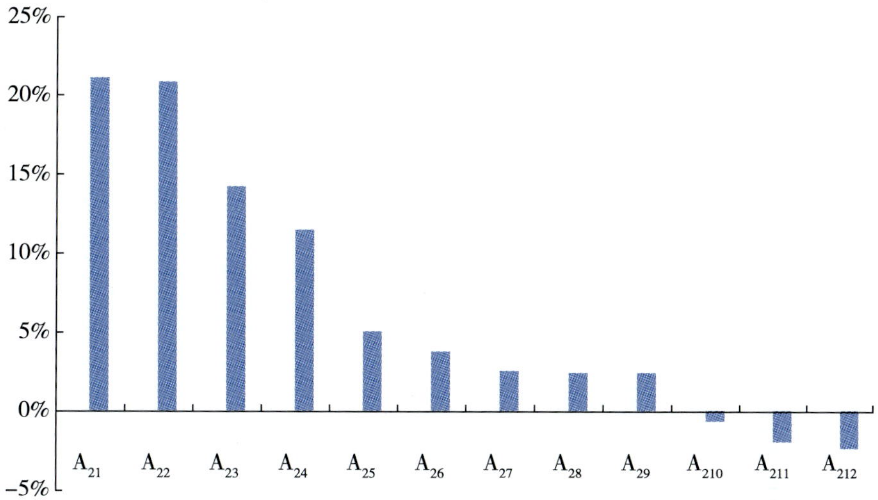

图 6－2　2007—2011 年大理类直属高校各投入指标增长速度

注：A_{21}代表大理类高校科研经费拨款；A_{22}代表大理类高校教育经费投入；A_{23}代表大理类高校具有博士学位专任教师数；A_{24}代表大理类高校教辅及工勤人员数；A_{25}代表大理类高校其他经费拨款；A_{26}代表大理类高校研究与发展全时人员数；A_{27}代表大理类高校图书册数；A_{28}代表大理类高校专任教师数；A_{29}代表大理类高校图书馆面积；A_{210}代表大理类高校行政人员数；A_{211}代表大理类高校实验室（实习场所）面积；A_{212}代表大理类高校教室面积。

3. 综合类直属高校财力投入快速增长，人力投入趋于稳定，物力投入大幅递减；教育经费投入年均增速最快

2007—2011 年，综合类直属高校经费投入总体上呈现快速增长态势。其中，增长速度最快的是教育经费投入，年均增速达到 30%；其次为科研经费拨款，年均增长速度接近 22%。人力指标中，具有博士学位专任教师数指标的年均增长速度接近 10%，高出专任教师数 7 个百分点。相对于财力投入和人力投入而言，综合类直属高校物力投入处于大幅递减态势。5 年间，综合类高校实验室（实习场所）面积以及教室面积分别年均递减 5.4% 和 3%。概括而言，综合类高校财力投入增速最快，物力投入大幅减少（图 6－3）。

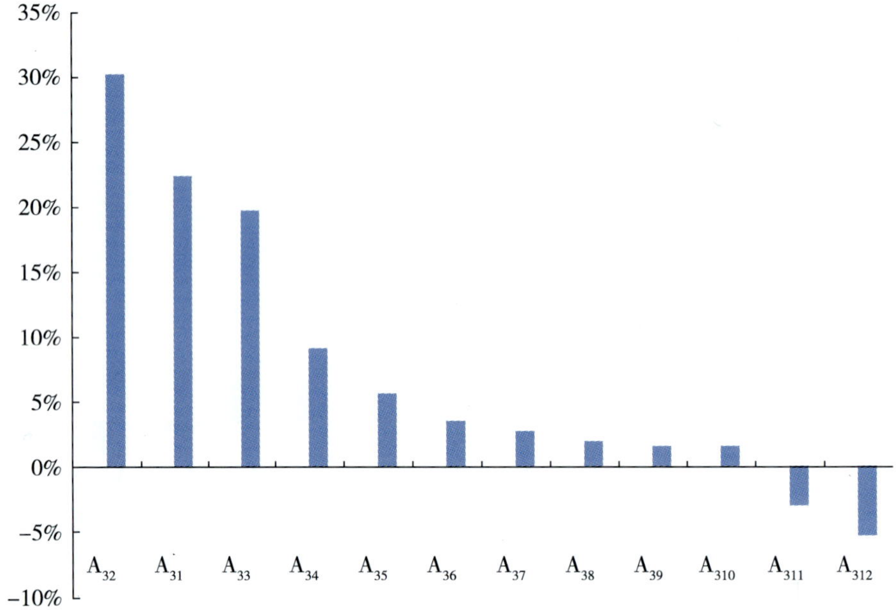

图 6－3　2007—2011 年综合类直属高校各投入指标增长速度

注：A_{31}代表综合类高校科研经费拨款；A_{32}代表综合类高校教育经费投入；A_{33}代表综合类高校具有博士学位专任教师数；A_{34}代表综合类高校教辅及工勤人员数；A_{35}代表综合类高校其他经费拨款；A_{36}代表综合类高校研究与发展全时人员数；A_{37}代表综合类高校图书册数；A_{38}代表综合类高校专任教师数；A_{39}代表综合类高校图书馆面积；A_{310}代表综合类高校行政人员数；A_{311}代表综合类高校实验室（实习场所）面积；A_{312}代表综合类高校教室面积。

（二）各投入指标增长状况在直属高校之间的比较

数据表明，直属高校各维度投入指标在 2007—2011 年 5 年间的增速存在差异，集中表现为财力投入快速增长，人力投入稳定增长，物力投入增长缓慢。

1. 直属高校财力投入总量多、增速快

（1）教育经费投入总量最多、增速最快的是综合类高校

2007—2011 年直属高校的财力投入年均增长保持在 14% 以上，远远超过人力投入和物力投入。教育经费投入增速最快的是综合类高校，从 2007 年的校均 106405 万元增加到 2011 年的 305187 万元，年均增长率为 30. 14%。其次是大理类高校，从 2007 年的校均 66363 万元增加到 2011 年

的 141513 万元，年均增长率为 20.84%，低于综合类高校近 10 百分点。而教育经费投入增长速度较慢的是大文类高校，从 2007 年的校均 33600 万元增加到 2011 年的 66677 万元，年均增长率为 18.69%，低于大理类高校 2 个百分点。与综合类高校校均教育经费投入的绝对数量相比，2011 年综合类高校是大理类高校的 2.2 倍多，是大文类高校的 4.6 倍。可见，对教育经费投入的增长速度与投入总量而言，综合类高校最多最快，大理类高校次之，大文类高校较少（图 6－4）。

	2007	2008	2009	2010	2011
大理类	66363	77052	105473	98386	141513
综合类	106405	118064	133777	146600	305187
大文类	33600	36367	46198	45137	66677

图 6－4 2007—2011 年直属高校教育经费投入变化（单位：万元）

（2）科研经费拨款增速最快的是大文类高校，总量最多的是综合类高校

2007—2011 年直属高校科研经费拨款总体呈现快速增长态势。科研经费拨款增长速度最快的是大文类直属高校，从 2007 年的校均 204 万元增加到 2011 年的 646 万元，年均增长率为 33.47%。其次是综合类高校，从 2007 年的校均 21275 万元增加到 2011 年的 47444 万元，年均增长率为 22.20%，低于大文类高校 11 个百分点。相比较而言，科研经费拨款增长

速度较慢的是大理类高校，从 2007 年的校均 17558 万元增加到 2011 年的 37622 万元，年均增长率为 20.99%，低于综合类高校 2 个百分点。虽然大文类高校 5 年间科研经费拨款年均增长速度超过 33 个百分点，高出综合类高校 11 个百分点、大理类高校 13 个百分点；然而与综合类高校、大理类高校相比，综合类高校科研经费校均拨款仍然较多，2011 年综合类高校是大理类高校的 1.3 倍，是大文类高校的 73.4 倍。可见，在科研经费拨款的总量上，综合类高校最多，大理类高校次之，大文类高校较少（图 6－5）。

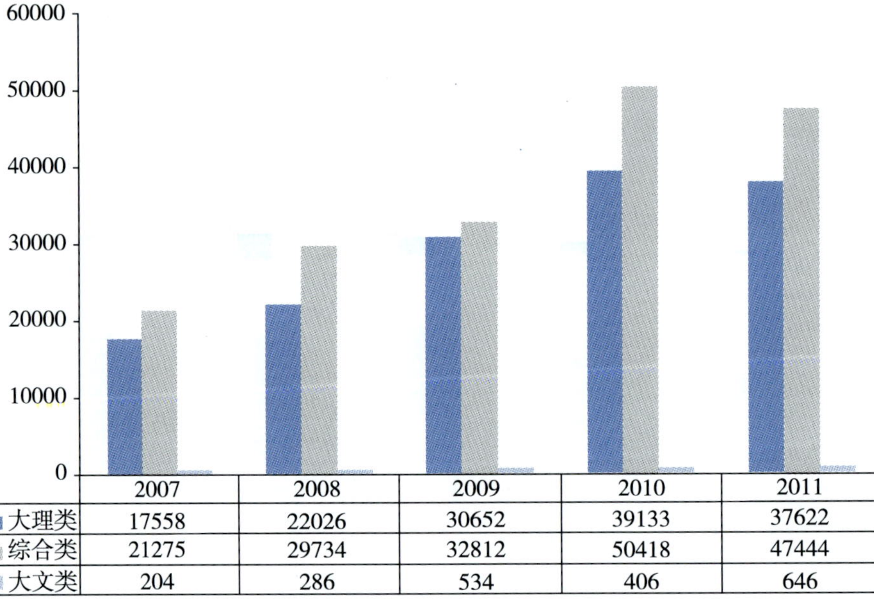

	2007	2008	2009	2010	2011
大理类	17558	22026	30652	39133	37622
综合类	21275	29734	32812	50418	47444
大文类	204	286	534	406	646

图 6－5　2007—2011 年直属高校科研经费拨款变化（单位：万元）

2. 直属高校人力投入稳定增长，年均增长维持在 1% 以上

（1）专任教师数年均增速最快的是大文类高校，总量最多的是综合类高校

2007—2011 年直属高校的人力投入年均增长 1% 以上，远低于财力投入，但高于物力投入，呈现稳定的增长态势。专任教师数增速最快的是大文类高校，从 2007 年的校均 723 人增加到 2011 年的 821 人，年均增长率为 3.21%。其次是大理类高校，从 2007 年的校均 1756 人增加到 2011 年的

1939 人，年均增长率为 2.52%，低于大文类高校不足 1 个百分点。相比较而言，专任教师数增长速度较慢的是综合类高校，其专任教师数从 2007 年的校均 2477 人增加到 2011 年的 2634 人，年均增长率为 1.55%。虽然大文类高校 5 年间校均专任教师数年均增长速度超过 3 个百分点，高出综合类高校接近 2 个百分点，但大文类高校校均投入仍低于这两类高校。2011 年综合类高校校均投入是大理类高校的 1.4 倍，是大文类高校的 3.2 倍。可见，在校均专任教师数投入的绝对数量方面，综合类高校最多，大理类高校次之，大文类较少（图 6－6）。

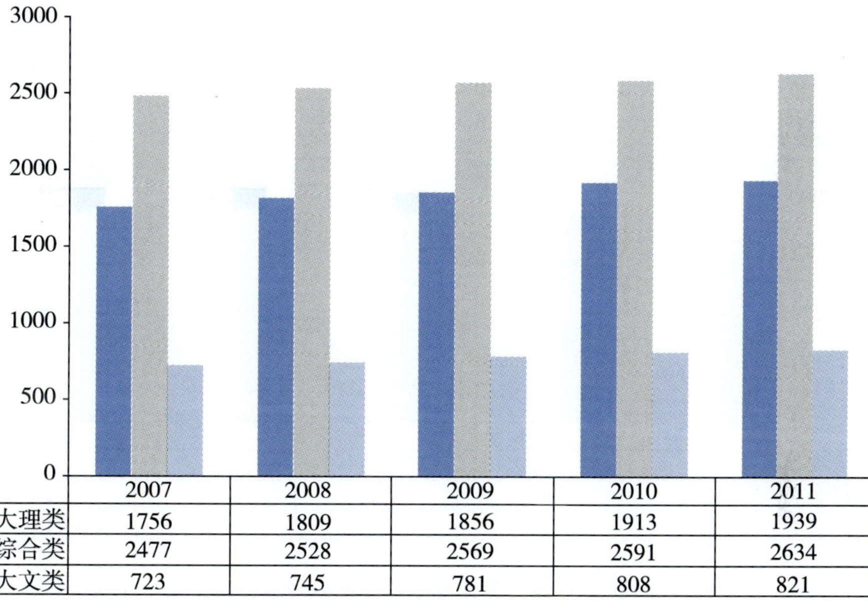

	2007	2008	2009	2010	2011
大理类	1756	1809	1856	1913	1939
综合类	2477	2528	2569	2591	2634
大文类	723	745	781	808	821

图 6－6　2007—2011 年直属高校专任教师数变化（单位：人）

（2）具有博士学位专任教师年均增速最快的是大理类高校，总量最多的是综合类高校

2007—2011 年直属高校具有博士学位专任教师数呈现快速增长之势。增速最快的是大理类高校，从 2007 年的校均 659 人增加到 2011 年的 1017 人，年均增长率为 11.47%。其次是大文类高校，从 2007 年的校均 232 人增加到 2011 年的 359 人，其年均增速与大理类高校基本持平。相比较而

言，具有博士学位专任教师数增长速度较慢的是综合类高校，从2007年的校均1072人增加到2011年的1521人，年均增长率为9.15%。虽然大理类高校5年间校均具有博士学位专任教师数年均增长速度超过11个百分点，高出综合类高校2个百分点，然而与综合类高校仍有一定差距。2011年综合类高校此项指标的校均量是大理类高校的1.6倍，是大文类高校的3.1倍。可见，在校均具有博士学位专任教师数的绝对数量方面，综合类高校最多，大理类高校次之，大文类较少（图6－7）。

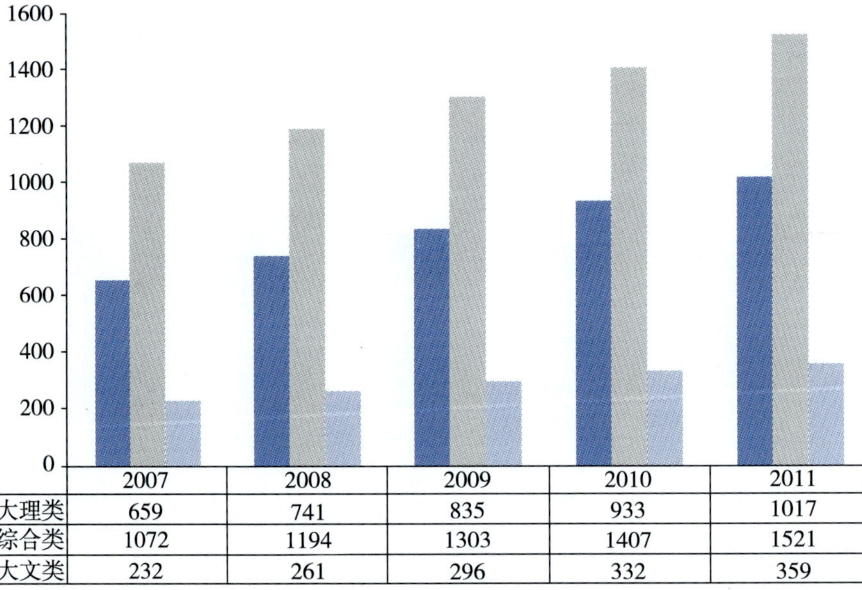

	2007	2008	2009	2010	2011
大理类	659	741	835	933	1017
综合类	1072	1194	1303	1407	1521
大文类	232	261	296	332	359

图6－7　2007—2011年直属高校博士学位专任教师数发展变化（单位：人）

3. 直属高校物力投入增长缓慢，实验室（实习场所）面积、教室面积均有所递减

（1）实验室（实习场所）面积仅大文类高校有所递增，但综合类高校仍保持总量最多

2007—2011年直属高校的物力投入总体上是增长缓慢，且不同指标表现不一样。2007—2011年直属高校的实验室（实习场所）面积仅大文类高校有些微增长，综合类及大理类均呈递减态势。大文类从2007年的校均

15899 平方米增加到 2011 年的 15919 平方米，年均增长率为 0.03%。大理类高校从 2007 年的校均 209262 平方米减少到 2011 年的 189799 平方米，年均递减率为 2.42%。而综合类高校则年均递减率为 5.42%。尽管综合类高校 5 年间校均实验室（实习场所）面积年均递减速度超过 5 个百分点，然而与大理类高校校均实验室（实习场所）面积的绝对数量相比，综合类高校仍然较多。2011 年综合类高校此项指标的校均量是大理类高校的 1.2 倍，是大文类高校的 14.4 倍。可见，在校均实验室（实习场所）面积的绝对数量方面，综合类高校仍然最多，大理类高校次之，大文类较少（图 6－8）。

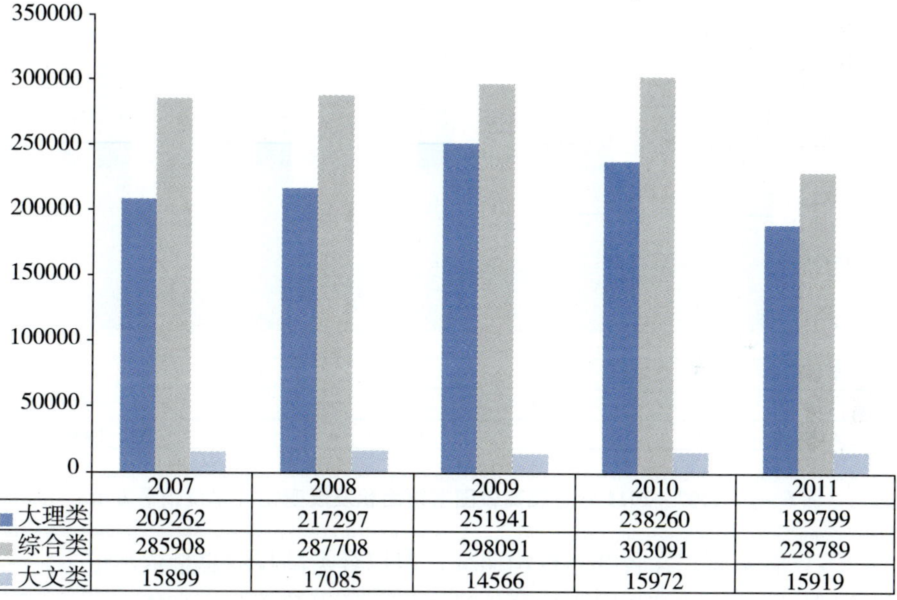

	2007	2008	2009	2010	2011
大理类	209262	217297	251941	238260	189799
综合类	285908	287708	298091	303091	228789
大文类	15899	17085	14566	15972	15919

图 6－8　**2007—2011 年直属高校实验室（实习场所）面积变化**（单位：平方米）

（2）图书馆面积综合类高校增长稍快，且总量最多

2007—2011 年直属高校图书馆面积增长速度最快的是综合类高校，从 2007 年的校均 52382 平方米增加到 2011 年的 60039 平方米，年均增长率为 3.47%。其次是大理类高校，从 2007 年的校均 36764 平方米增加到 2011 年的 40291 平方米，年均增长率为 2.32%。相比较而言，图书馆面积增长

速度较慢的是大文类高校，从 2007 年的校均 17985 平方米增加到 2011 年的 18897 平方米，年均增长率为 1.24%。与大理类高校校均图书馆面积的绝对数量相比，综合类高校校均图书馆面积仍然较多。2011 年综合类高校此项指标的校均量是大理类高校的 1.5 倍，是大文类高校的 3.2 倍。可见，在校均图书馆面积的绝对数量方面，综合类高校最多，大理类高校次之，大文类较少（图 6－9）。

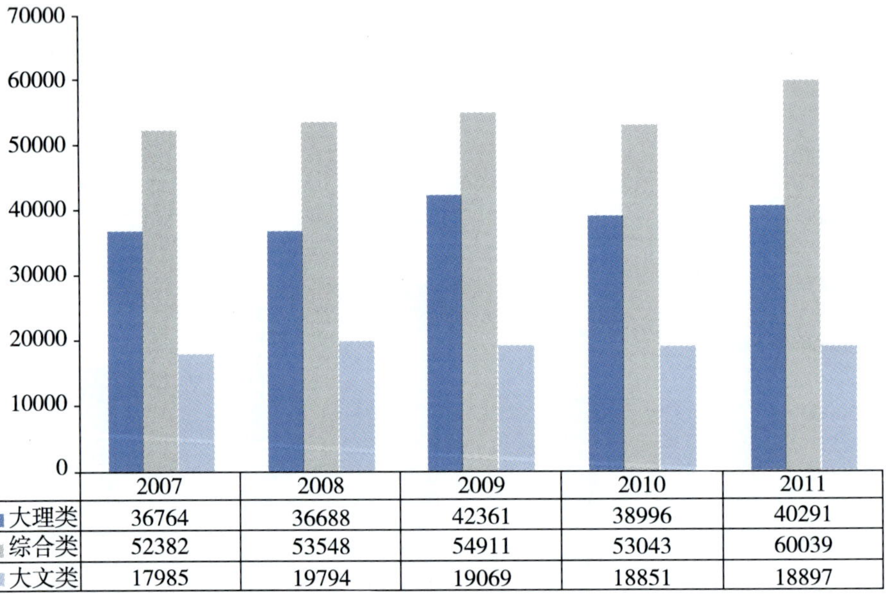

	2007	2008	2009	2010	2011
大理类	36764	36688	42361	38996	40291
综合类	52382	53548	54911	53043	60039
大文类	17985	19794	19069	18851	18897

图 6－9　2007—2011 年直属高校图书馆面积发展变化（单位：平方米）

（3）教室面积在各类高校均递减，但综合类高校的总量依然最多

2007—2011 年，直属高校教室面积均居于递减态势。综合类高校教室面积从 2007 年的校均 122989 平方米减少到 2011 年的 108914 平方米，年均递减速度为 2.99%。大理类高校教室面积从 2007 年的校均 105659 平方米减少到 2011 年的 97791 平方米，年均递减速度为 1.92%。大文类高校教室面积从 2007 年的校均 50499 平方米减少到 2011 年的 47238 平方米，年均递减速度为 1.66%。与大理类高校校均教室面积的绝对数量相比，综合类高校校均教室面积仍然较大，2011 年综合类高校校均是大理类高校的

1.1 倍，是大文类高校的 2.3 倍。可见，在校均教室面积的绝对数量方面，综合类高校最大，大理类高校次之，大文类较小（图 6－10）。

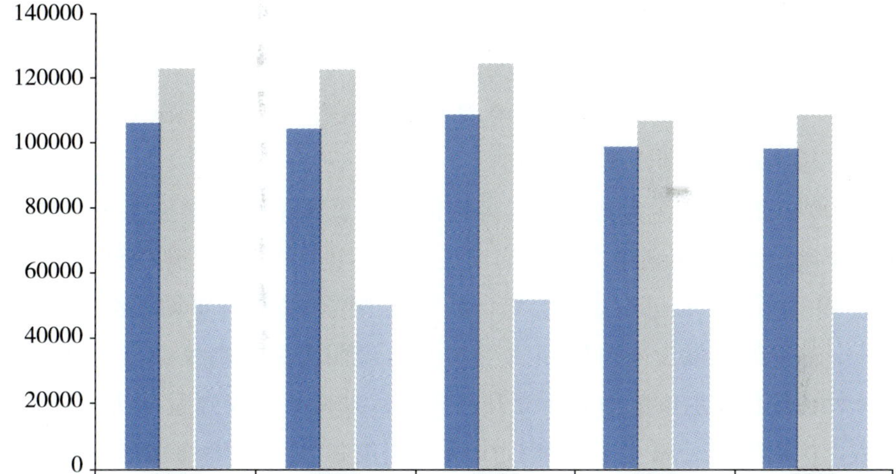

	2007	2008	2009	2010	2011
大理类	105659	104136	108570	98339	97791
综合类	122989	122627	124650	107141	108914
大文类	50499	49668	51613	48856	47238

图 6－10　2007—2011 年直属高校教室面积发展变化（单位：平方米）

可见，直属高校投入指标中财力投入增速最快，人力投入趋于稳定，物力投入有所放缓。财力投入中科研经费拨款增速明显，人力投入中具有博士学位专任教师数处于快速增长，物力投入中实验室面积和教室面积处于波动态势。直属高校投入存在学校差异。综合类高校教育经费投入、科研经费拨款的总量最多；大文类高校科研经费拨款增速最快。大理类高校具有博士学位专任教师年均增速最快。

二、各类直属高校产出指标的变化态势

基于 2007—2011 年直属高校的产出指标进行描述，分析产出指标原始数据的变化状况以及在不同类型高校中的分布。概括而言，直属高校产出总体上呈现不同程度的增长态势，科研产出增速最快。

(一)各类直属高校内部的产出指标增长差异

数据表明，2007—2011 年各直属高校内部的产出在不同维度上呈现不同增长态势，产出指标的增长在不同学校的分布存有差异。但综合类高校校均总产出要高于大文类和大理类高校。

1. 大文类直属高校的产出总体呈快速增长态势，其中 SSCI 期刊论文数增速最快，其次是社会培训

2007—2011 年，大文类直属高校的产出总体呈快速增长态势。其中，大文类高校 SSCI 期刊论文数年均增长速度达到 54%，高于 CSSCI 期刊论文数 49 个百分点；其次是社会培训数呈稳步增长态势，年均增长速度达到 37%，高于研究报告采纳数 15 个百分点，说明大文类高校参与社会培训、服务社会经济发展的能力有所提升。同时，大文类高校当量学历在校留学生数也快速增长，属于三类高校中增长速度最快的，年均增速达到 8%，高于当量在校生数 6 个百分点。概括而言，大文类高校科研产出增速最快，其次是社会服务，再次是教学产出（图 6－11）。

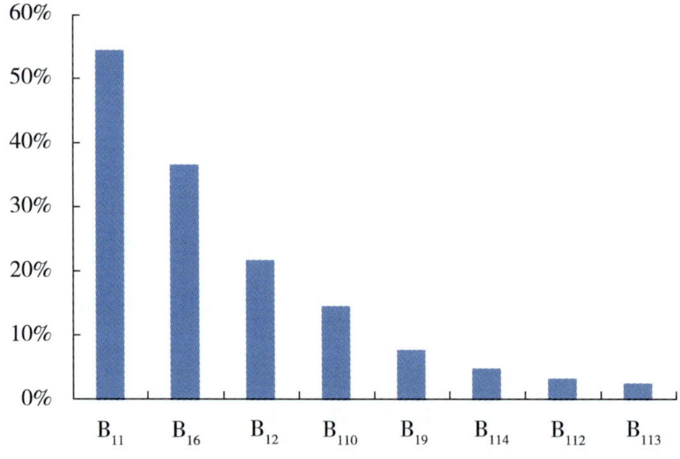

图 6－11　2007—2011 年大文类直属高校各产出指标年均增长速度

注：B_{11} 代表大文类高校 SSCI 期刊论文数；B_{16} 代表大文类高校社会培训数；B_{12} 代表大文类高校研究报告采纳数；B_{110} 代表大文类高校研究与发展课题数；B_{19} 代表大文类高校当量学历在校留学生数；B_{114} 代表大文类高校 CSSCI 期刊论文数；B_{112} 代表大文类高校发表论文总数；B_{113} 代表大文类高校当量在校生数（不含留学生与培训生）。

2. 大理类直属高校的产出总体上呈稳定增长态势，其中 SCI 期刊论文产出年均增速最快，其次是社会培训

2007—2011 年，大理类直属高校的产出总体上呈稳定增长态势。其中，增长速度最快的是 SCI 期刊论文数，年均增长速度达到 25%，高于 EI 期刊论文数近 8 个百分点、CSSCI 期刊论文数 18 个百分点；其次为社会培训数增长速度最快，年均增长速度达到 21%。而当量学历在校留学生生数年均增长速度达到 20%，高于当量在校生数近 18 个百分点；相对于科研产出和教学产出而言，大理类高校社会服务产出均呈现增长态势。技术转让当年实际收入的年均增长速度接近 11%，专利出售当年实际收入年均增长速度近 8%，说明我国高校将科研成果进行转化、服务社会经济发展的能力得到提升。概括而言，大理类高校科研产出增速最快，社会服务产出增幅较为平缓（图 6－12）。

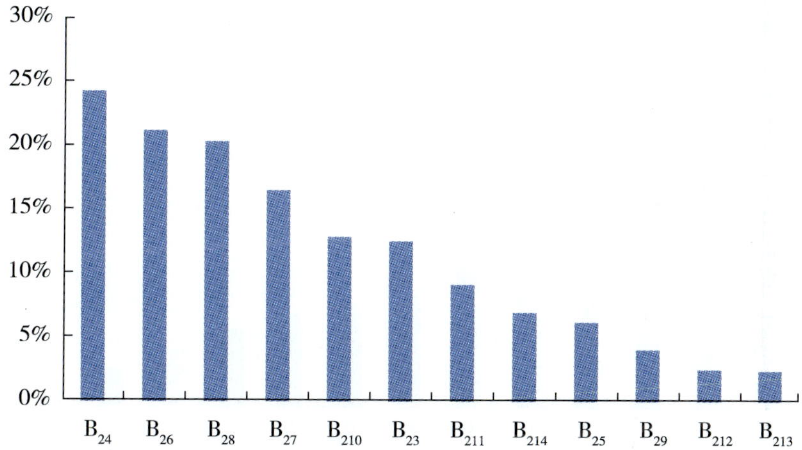

图 6－12　2007—2011 年大理类直属高校各产出指标年均增长速度

注：B_{24}代表大理类高校 SCI 期刊论文数；B_{26}代表大理类高校社会培训数；B_{28}代表大理类高校当量学历在校留学生数；B_{27}代表大理类高校 EI 期刊论文数；B_{210}代表大理类高校研究与发展课题数；B_{23}代表大理类高校技术转让当年实际收入金额；B_{211}代表大理类高校当量国家科技奖获奖数；B_{214}代表大理类高校 CSSCI 期刊论文数；B_{25}代表大理类高校专利出售当年实际收入金额；B_{29}代表大理类高校省部级科学研究与发展成果奖数；B_{212}代表大理类高校发表论文总数；B_{213}代表大理类当量高校在校生数（不含留学生与培训生）。

3. 综合类直属高校的产出总体上呈快速增长态势，其中 SSCI 期刊论文产出增速最快，其次是研究报告采纳数和技术转让当年实际收入

2007—2011 年，综合类高校的产出总体上呈快速增长态势。其中，增长速度最快的是 SSCI 期刊论文数，年均增长速度达到65%，高于 SCI 期刊论文数近 38 个百分点；其次是研究报告采纳数，年均增长速度达到 35%。与此同时，综合类高校技术转让当年实际收入年均增长速度接近 30%，高出专利出售当年实际收入 8 个百分点；说明综合类高校将科研成果进行转化、服务社会经济发展的能力提升较快。概括而言，综合类高校社会服务产出增速明显，科研产出增幅较为平缓。而教学产出中当量在校生数这一指标在 5 年中保持在 2 个百分点的增长（图 6 - 13）。

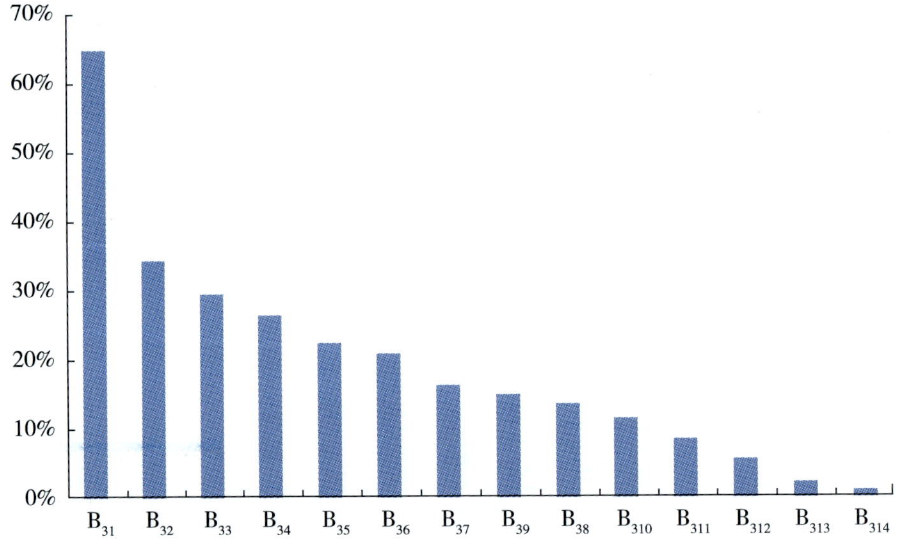

图 6 - 13　2007—2011 年综合类直属高校各产出指标年均增长速度

注：B_{31}代表综合类高校 SSCI 期刊论文数；B_{32}代表综合类高校研究报告采纳数；B_{33}代表综合类高校技术转让当年实际收入金额；B_{34}代表综合类高校 SCI 期刊论文数；B_{35}代表综合类高校专利出售当年实际收入金额；B_{36}代表综合类高校社会培训数；B_{37}代表综合类高校 EI 期刊论文数；B_{39}代表综合类高校省部级科学研究与发展成果奖数；B_{38}代表综合类高校当量学历在校留学生数；B_{310}代表综合类高校研究与发展课题数；B_{311}代表综合类高校当量国家科技奖获奖数；B_{312}代表综合类高校发表论文总数；B_{313}代表综合类高校当量在校生数（不含留学生与培训生）；B_{314}代表综合类高校 CSSCI 期刊论文数。

（二）各产出指标增长状况在直属高校之间的比较

通过数据分析不同产出指标在 2007—2011 年的增速及绝对量变化情况，反映不同类型直属高校之间指标发展的差异。

1. 直属高校人才培养产出处于稳定增长态势

（1）当量学历在校留学生数大理类高校增速最快，但总量综合类高校最多

2007—2011 年，当量学历在校留学生数均呈现不同程度的增长态势，说明我国高等教育对来华留学生的吸引力在增强。大理类高校中当量学历在校留学生数增长速度最快，从 2007 年的校均 244 人增加到 2011 年的 513 人，年均增长速度达到 20.54%；其次是综合类高校，当量学历在校留学生数年均增长速度达到 13.60%，低于大理类高校近 7 个百分点；相比较而言，直属高校当量学历在校留学生数增长速度较慢的是大文类高校，从 2007 年的校均 435 人增加到 2011 年的 595 人，年均增长速度达到 8.29%。虽然大理类高校 5 年间校均当量学历在校留学生数年均增长速度超过 20%，高出综合类高校 7 个百分点，然而与综合类高校校均当量学历在校留学生数绝对数量相比，2011 年综合类高校此项指标的校均量是大理类高校的 2.2 倍，是大文类高校的 1.9 倍。可见，在校均当量学历在校留学生数的绝对数量方面，综合类高校较多，大文类高校次

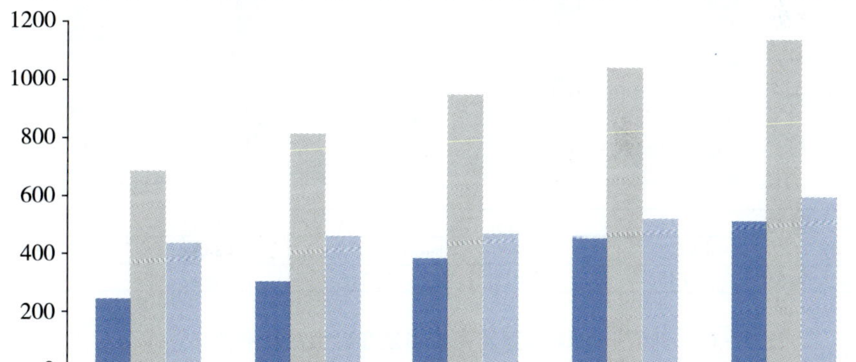

	2007	2008	2009	2010	2011
大理类	244	305	380	451	513
综合类	684	810	951	1046	1140
大文类	435	459	467	520	595

图 6－14　2007—2011 年直属高校当量学历在校留学生数发展变化（单位：人）

之，大理类高校较少（图 6 - 14）。

（2）当量在校生数增速最快的是大文类高校，但总量综合类高校最多

2007—2011 年，当量在校生数增长速度最快的是大文类高校，从 2007 年的校均 12735 人增加到 2011 年的 14262 人，年均增长速度为 2.88%；其次是大理类高校，年均增长速度为 2.35%；相比较而言，直属高校当量在校生数增长速度较慢的是综合类高校，从 2007 年的校均 44072 增长到 2011 年的 47619，年均增长率为 1.95%。虽然大文类高校 5 年间校均当量在校生数年均增长速度近 3 个百分点，高出综合类高校近 1 个百分点，然而与综合类高校校均当量在校生数绝对数量相比，2011 年综合类高校此项指标的校均量是大文类高校的 3.3 倍，是大理类高校的 1.3 倍。可见，在校均当量在校生数绝对数量方面，综合类高校最多，大理类高校次之，大文类高校较少（图 6 - 15）。

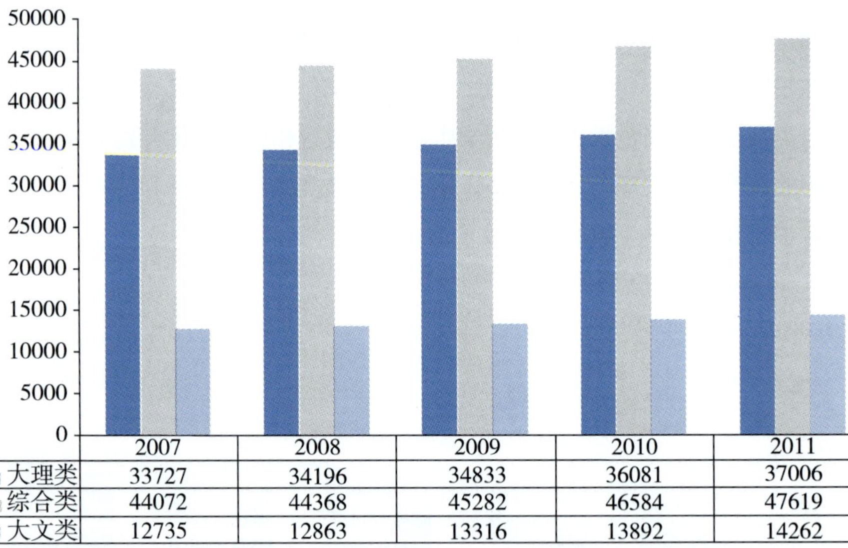

	2007	2008	2009	2010	2011
大理类	33727	34196	34833	36081	37006
综合类	44072	44368	45282	46584	47619
大文类	12735	12863	13316	13892	14262

图 6 - 15　2007—2011 年直属高校当量在校生数发展变化（单位：人）

2. 直属高校的科研产出增长快速

（1）CSSCI 期刊论文数增速最快的是大理类高校，但总量是综合类高校最多

2007—2011 年，直属高校 CSSCI 期刊论文数均呈现增长态势。大理类高校中 CSSCI 期刊论文数增长速度最快，从 2007 年的校均 191 篇增加到 2011 年的 251 篇，年均增长率为 7.07%。其次是大文类高校，CSSCI 期刊论文数增长较为稳定，年均增长率为 5.36%；相比较而言，直属高校 CSSCI 期刊论文数增长速度较慢的是综合类高校，从 2007 年的校均 973 篇增加到 2011 年的 1013 篇，年均增长率为 0.90%；虽然大理类高校 5 年间校均 CSSCI 期刊论文数年均增长速度达到 7%，高出综合类高校 6 个百分点，然而与综合类高校校均 CSSCI 期刊论文数绝对数量相比，2011 年综合类高校此项指标的校均量是大理类高校的 4 倍多，是大文类高校的 3.4 倍。可见，在校均 CSSCI 期刊论文数绝对数量方面，综合类高校最多，大文类高校次之，大理类较少（图 6－16）。

	2007	2008	2009	2010	2011
大理类	191	223	228	211	251
综合类	977	1047	1071	1040	1013
大文类	244	267	284	306	300

图 6－16　2007—2011 年直属高校 CSSCI 期刊论文数发展变化（单位：篇）

（2）研究与发展课题数增速最快的是大文类高校，但总量最大的是综合类高校

2007—2011 年，直属高校研究与开发课题数均呈现稳定的增长态势。分析表明，大文类高校研究与开发课题数增长速度最快，从 2007 年的校均 424 项增加到 2011 年的 736 项，年均增长率为 14.95%。其次是大理类高

校，研究与发展课题数年均增长率为 12.94%，略低于大文类高校近 2 个百分点。相比较而言，直属高校研究与开发课题数增长速度较慢的是综合类高校，研究与发展课题数从 2007 年的校均 2470 项增加到 2011 年的 3828 项，年均增长率为 11.58%；虽然大文类高校 5 年间校均研究与开发课题数年均增长速度近 15%，高出综合类高校 4 个百分点，然而与综合类高校校均研究与开发课题数绝对数量相比，2011 年综合类高校此项指标的校均量是大文类高校 5.2 倍，是大理类高校 1.6 倍。可见，在校均研究与开发课题数绝对数量方面，综合类高校最多，大理类高校次之，大文类较少（图 6 – 17）。

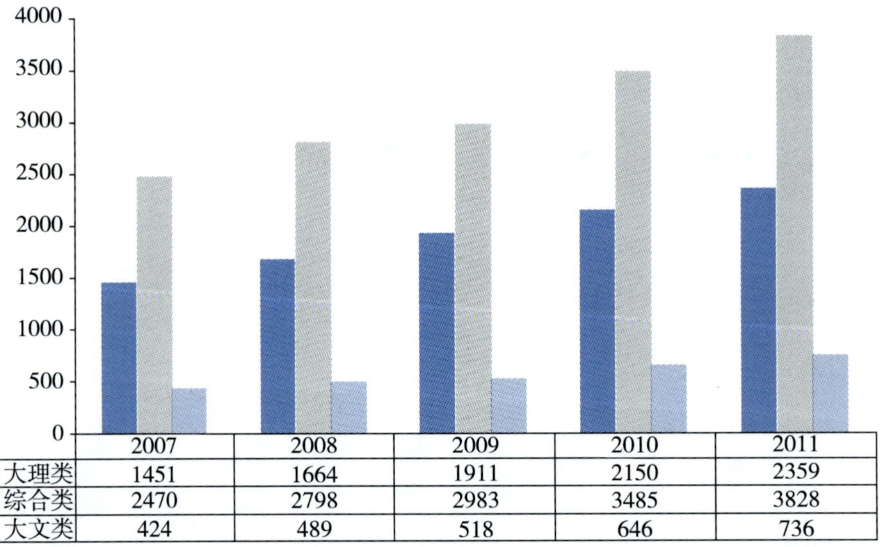

	2007	2008	2009	2010	2011
大理类	1451	1664	1911	2150	2359
综合类	2470	2798	2983	3485	3828
大文类	424	489	518	646	736

图 6 – 17　2007—2011 年直属高校研究与开发课题数发展变化（单位：项）

（3）SCI 期刊论文数增速最快的是综合类高校，且总量也最多

2007—2011 年，直属高校 SCI 期刊论文数均呈现快速增长态势。分析表明，综合类高校 SCI 期刊论文数增长速度最快，从 2007 年的校均 877 篇增加到 2011 年的 2246 篇，年均增长率为 26.50%；其次是大理类高校，从 2007 年的 419 篇增加到 2011 年的 1001 篇，年均增长率为 25.98%；虽然大理类高校 5 年间校均 SCI 期刊论文数与综合类高校年均增长速度均达

到 25%，然而，与大理类高校校均 SCI 期刊论文数绝对数量相比，综合类高校 SCI 期刊论文数仍然较多，2011 年综合类高校校均量是大理类高校的 2.2 倍。可见，在校均 SCI 期刊论文数绝对数量方面，综合类高校较多，大理类高校较少（图 6－18）。

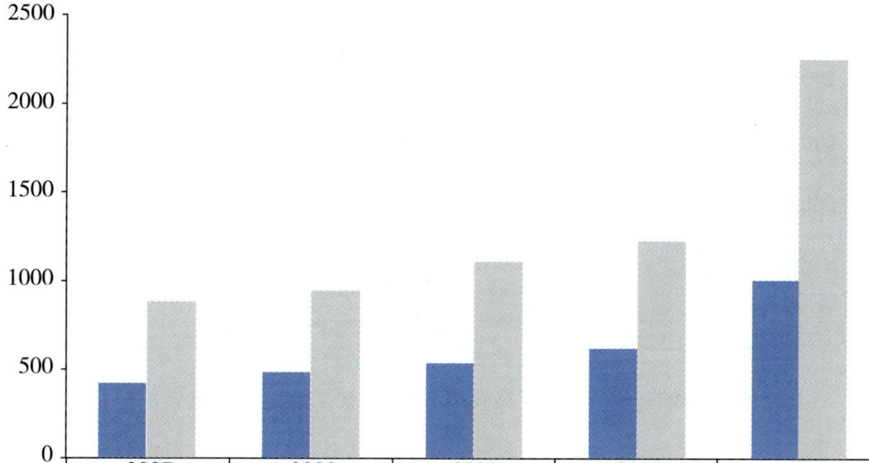

	2007	2008	2009	2010	2011
大理类	419	475	538	612	1001
综合类	877	942	1104	1223	2246

图 6－18　2007—2011 年直属高校 SCI 期刊论文数发展变化（单位：篇）

（4）EI 期刊论文数年均增速最快的是大理类高校，但综合类高校的总量最多

2007—2011 年，直属高校 EI 期刊论文数均呈现增长态势。分析表明，大理类高校 EI 期刊论文数增长速度最快，从 2007 年的 568 篇增加到 2011 年的 1047 篇，年平均增长率为 16.96%。其次是综合类高校，EI 期刊论文数从 2007 年的 688 篇增加到 2011 年的 1259 篇，年均增长率为 16.30%；虽然大理类高校 5 年间校均 EI 期刊论文数与综合类高校年均增长速度均达到 16 个百分点，然而，与大理类高校校均 EI 期刊论文数绝对数量相比，综合类高校 EI 期刊论文数仍然较多，2011 年综合类高校校均量是大理类高校的 1.2 倍。可见，在校均 EI 期刊论文数绝对数量方面，综合类高校较多，大理类高校较少（图 6－19）。

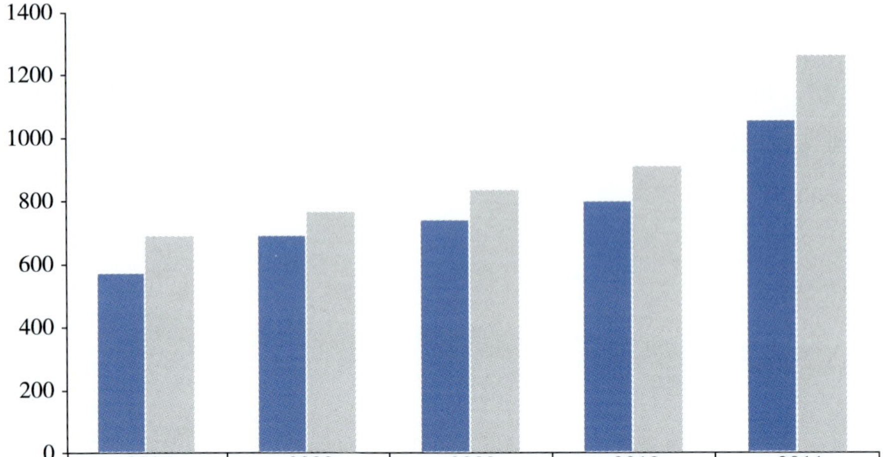

	2007	2008	2009	2010	2011
大理类	568	687	734	794	1047
综合类	688	765	834	911	1259

图 6－19　2007—2011 年直属高校 EI 期刊论文数发展变化（单位：篇）

（5）SSCI 期刊论文数增速最快的是综合类高校，且总量也最多

2007—2011 年，直属高校 SSCI 期刊论文数均呈现快速增长态势。分析表明，综合类高校 SSCI 期刊论文数增长速度最快，从 2007 年校均 22 篇增加到 2011 年的校均 162 篇，年均增长率为 64.94%；而大文类高校，SSCI 期刊论文数呈稳步增长态势，从 2007 年的校均 2 篇增加到 2011 年的 12 篇，年均增长率为 54.94%；虽然大文类高校 5 年间校均 SSCI 期刊论文数与综合类高校年均增长速度均达到 54%，然而，与综合类高校校均 SSCI 期刊论文数绝对数量相比，2011 年综合类高校的校均量是大文类高校 13.5 倍。可见，在校均 SSCI 期刊论文数绝对数量方面，综合类高校较多，大文类高校较少（图 6－20）。

3. 直属高校的社会服务产出增长平稳

（1）技术转让当年实际收入增速最快的是综合类高校，且总量最大

直属高校社会服务产出指标主要有专利出售当年实际收入和技术转让当年实际收入等。2007—2011 年，直属高校技术转让当年实际收入均呈现增长态势。分析表明，综合类高校技术转让当年实际收入增长速度最快，从 2007 年的

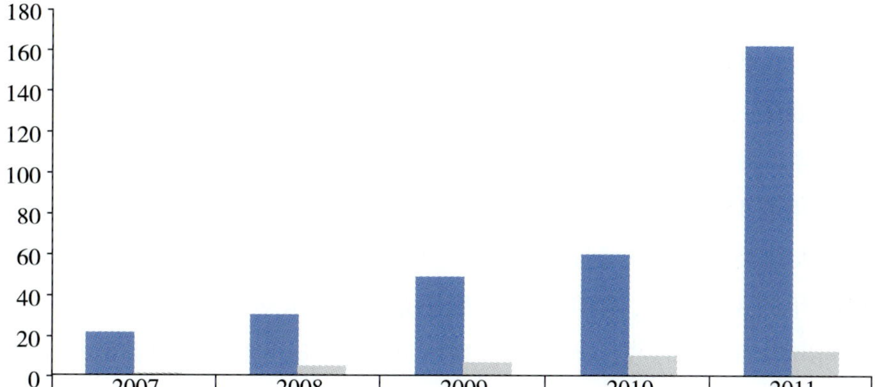

	2007	2008	2009	2010	2011
综合类	22	31	49	60	162
大文类	2	5	7	10	12

图 6－20　2007—2011 年直属高校 SSCI 期刊论文数发展变化（单位：篇）

校均 787 万元增加到 2011 年的 2226 万元，年均增长率为 29.67%，高出大理类高校 18 个百分点；其次是大理类高校，从 2007 年的 1273 万元增加到 2011 年的 2046 万元，年均增长速度近 11%。与大理类高校技术转让当年实际收入绝对数量相比，综合类高校技术转让当年实际收入仍然较多，2011 年综合类高校校均量是大理类高校的 1.1 倍。可见，在校均技术转让当年实际收入绝对数量方面，综合类高校较多，大理类高校较少（图 6－21）。

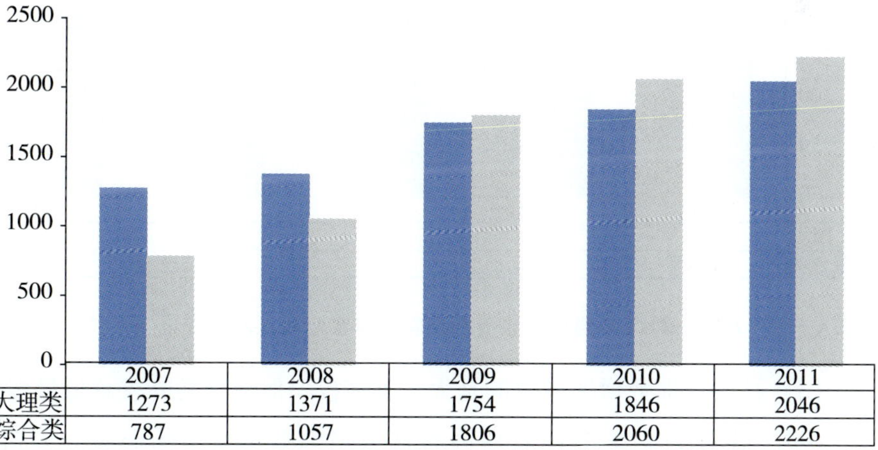

	2007	2008	2009	2010	2011
大理类	1273	1371	1754	1846	2046
综合类	787	1057	1806	2060	2226

图 6－21　2007—2011 年直属高校技术转让当年实际收入发展变化（单位：万元）

（2）专利出售当年实际收入增长速度最快的是综合类高校，但大理类高校的总量最多

2007—2011 年，直属高校专利出售当年实际收入均呈现不同程度的增长态势。分析表明，综合类高校专利出售当年实际收入增长速度最快，从 2007 年的 158 万元增加到 2011 年的 354 万元，年均增长率为 22.45%；其次是大理类高校，专利出售当年实际收入从 2007 年的 330 万元增加到 2011 年的 419 万元，年均增长速度不足 8%。虽然综合类高校 5 年间校均专利出售当年实际收入年均增长速度超过 22%，高出大理类高校 14 个百分点，然而与大理类高校校均专利出售当年实际收入绝对数量相比，2011 年大理类高校校均量是综合类高校是的 1.2 倍。可见，在校均专利出售当年实际收入绝对数量方面，大理类高校较多，综合类高校较少（图 6－22）。

	2007	2008	2009	2010	2011
大理类	330	261	305	391	419
综合类	158	345	160	291	354

图 6－22　2007—2011 年直属高校专利出售当年实际收入发展变化（单位：万元）

（3）社会培训数增速最快的是大文类高校，但综合类高校总量最多

2007—2011 年，教育部直属高校社会培训数呈现增长态势。分析表明，大文类高校社会培训数增长速度最快，从 2007 年的校均 807 人增加到

2011 年的 2499 人，年均增长速度达到 37.21%；其次是大理类高校，年均增长速度达到 21.25%；相比较而言，直属高校社会培训数增长速度较慢的是综合类高校，从 2007 年的校均 2603 人增加到 2011 年的 5519 人，年均增长速度达到 34.26%；虽然大文类高校 5 年间校均社会培训数年均增长速度超过 37 个百分点，高出综合类高校 17 个百分点，然而与综合类高校校均社会培训数绝对数量相比，2011 年综合类高校校均量是大理类高校的 1.9 倍，是大文类高校的 2.2 倍。可见，在校均社会培训数绝对数量方面，综合类高校最多，大理类高校次之，大文类较少（图 6－23）。

	2007	2008	2009	2010	2011
大理类	1377	1817	1731	1589	2976
综合类	2603	3553	4261	5023	5519
大文类	807	861	1041	2112	2499

图 6－23　2007—2011 年直属高校社会培训数发展变化（单位：人）

（4）研究报告采纳数增速最快的是综合类高校，且总量最多

2007　2011 年，直属高校研究报告采纳数呈现增长态势。分析表明，综合类高校研究报告采纳数增长速度最快，从 2007 年的校均 20 项增加到 2011 年的 65 项，年均增长速度达到 34.26%；其次是大文类高校，研究报告采纳数增长呈现波动态势，2007—2008 年和 2008—2009 年出现负增长，从 2007 年的 25 项减少到 2011 年的 16 项，年均递减速度达到 10.56%。虽然综合类高校 5 年间校均研究报告采纳数年均增长速度超过 34 个百分点，

与综合类高校校均研究报告采纳数绝对数量相比，2011 年综合类高校校均量是大文类高校 4. 1 倍。可见，在校均研究报告采纳数绝对数量方面，综合类高校较多，大文类较少（图 6－24）。

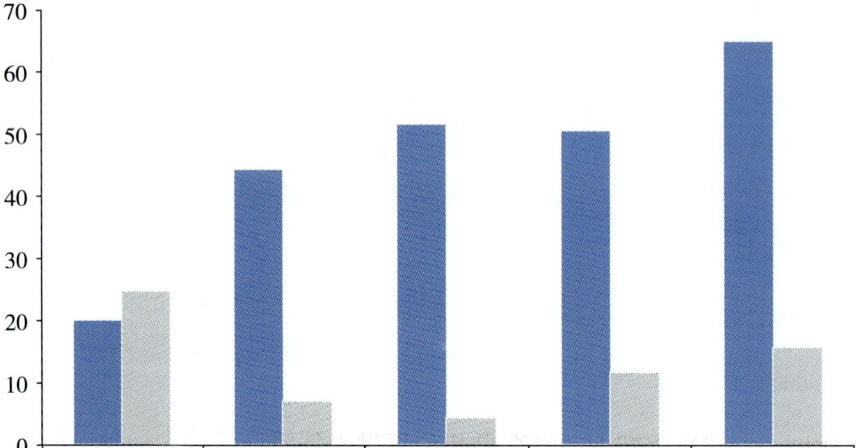

	2007	2008	2009	2010	2011
综合类	20	44	51	50	65
大文类	25	7	4	12	16

图 6－24　2007—2011 年直属高校研究报告采纳数发展变化（单位：项）

可见，直属高校科研产出成效显著、社会服务产出增长快速、人才培养产出趋于稳定。科研产出中 SSCI 期刊论文数、SCI 期刊论文产出年均增速较快，社会服务产出中的社会培训数、技术转让当年实际收入指标的年均增速较快，人才培养产出中当量在校生数、当量学历在校留学生数增速较快。直属高校的产出也呈现一定的学校差异。大理类高校当量学历在校留学生数、CSSCI 期刊论文数、EI 期刊论文数、增速较快；综合类高校 SCI 期刊论文数、技术转让当年实际收入、专利出售当年实际收入、研究报告采纳数增速较快；大文类高校当量在校生数、研究与发展课题数、社会培训数增长最快。但各个指标的总量多以综合类高校居多。

结　语

自2009年中国教育科学研究院开展高等学校绩效评价研究和实践以来，不断取得新的进展，受到社会各界的高度关注，认可度日益提高。中国教科院的绩效评价带动了部分省市和高校投入到绩效评价中，对于更新全国高校的办学理念，提高高校办学效率，发挥了积极作用。总结几年来开展绩效评价研究和实践，结合国家经济社会发展的新形势，有以下几点新的思考。

一、我国进入了高校绩效评价的机遇期

新生事物的成长和发展，既需要事物本身具有以往同类事物所不具备的优秀品质，同时也离不开良好的外部环境。无论从政府层面来看，还是从高校层面来看，高校绩效评价都可以说是进入了难得的发展机遇期。

党的十八大报告提出，要"创新行政管理方式，提高政府公信力和执行力，推进政府绩效管理。"这种提法在我们党的历史上还是不多见的。这种提法表明，从整个国家来看，政府已经深刻地认识到低效率对政府组织以及国家各项事业发展的危害性，深刻地认识到绩效管理和绩效评价的重要性，认识到提高政府效率的重要性。

如果说，十八大报告提出的绩效管理是从政策层面的考量，或者是从理论层面的一种提法，那么，从社会实践层面来看，无论是全国各地餐桌上的"光盘行动"，或是全国各地日益增多的厉行节约、反对铺张浪费的

行动，还是为改变作风出台的“八项规定[①]”，以及2013年两会提出的大部制改革等，都表明我国正在逐步开始绩效评价，并将逐步进入到一个绩效评价的新时代。

与此同时，全国部分省市和高校积极开展绩效评价的研究和实验，为开展绩效评价提供了良好的高等教育系统内部环境。如上海市、重庆市、辽宁省，以及许多高校都积极开展了绩效评价，无疑为全国高校开展绩效评价提供了良好的系统内部环境。

二、高校绩效评价需要各方大力支持

在我国，高等学校绩效评价已经开展了4年多的时间，期间尽管存在诸多质疑甚至责难，但同时也得到了社会各界的大力支持。尤其是得到了部分省市和高校实践者以及诸多专家、学者的认同和大力支持。我们认为，这是高校绩效评价能够继续深入开展的必要条件。为了进一步搞好高校绩效评价研究和实践，在今后的评价研究和实践中，仍然离不开政府、高校、媒体的大力支持。因为，高等学校绩效评价既是一种大学理念，也是一种评价工具，同时更是一项十分庞大的系统工程。因此，必须构建起有效的支持体系才能顺利并富有成效地开展评价，否则评价工作将难以为继。

如前所述，无论是高校还是政府都在积极为绩效评价创造条件和环境，今后，还需要高等学校的大力支持。比如，需要高校主动提供可靠的一手数据，以便在绩效评价时准确地分析，如实反映学校的绩效情况。同时，绩效评价过后，需要高校积极采取切实可行的措施，改进工作，提高绩效。与此同时，高等学校绩效评价还需要得到社会舆论的大力支持。进行高等学校绩效评价离不开良好的社会环境，良好的社会舆论环境是开展高校绩效评价的基础。

① 八项规定：2012年12月4日中央政治局召开会议，一致同意关于“改进工作作风、密切联系群众”的八项规定。

三、高校绩效评价仍有诸多难题需要破解

自2009年以来，高校绩效评价研究与实践取得了一定进展和成效，但总体而言，我国高校绩效评价还处在探索阶段，还不够成熟。一方面，由于不成熟，社会各界的质疑和责难在所难免。因为人们已经习惯于以往的传统观念，习惯于不计成本，习惯于按照既有的方式和方法进行办学，习惯于以往的高等学校评价方式。因此，需要研究者坚定信心。另一方面，将投入与产出方法引入到教育评价中来还存在很多难题，还需要进一步加深研究，逐一破解，通过更多地进行实践检验，不断修改评价指标，使之日臻完善。比如，如何更好地体现在不同研究领域具有优势的学校的绩效？绩效评价的结果如何避免学校产生“以减少投入的方式”凸显绩效？如何防止学校仅仅针对绩效结果而进行“针对某项指标的投入偏好”？如何处理学校规模大小对绩效的影响？绩效是可以无止境增大的吗？一定的投入究竟可以承载多少产出？如何反映高校发展中的产出边际效益？等等。这些问题还需要今后进行深入的研究和探讨。

此外，未来时期，随着我国高等教育改革的不断深入，一些新情况、新问题将不断出现。因此，高校绩效评价要结合高等教育领域出现的新问题、新情况，不断研究和探索适合我国高等教育发展的绩效评价办法，为保证和提高高等教育质量服务。例如，以往我国高等教育缺少经费，如今随着教育经费达到了GDP的4%，今后高等教育可能不是经费短缺的问题，而是如何把经费用在刀刃上的问题，这就要求高校绩效评价在指标设计上和理念上有所调整；再比如，随着适龄人口的减少，有的高校可能遇到生源危机，规模变小，如何适应这种变化，也需要进行深入研究。

总之，高校绩效评价符合世界高等教育发展趋势，符合我国建立“绩效政府”的要求，符合高等教育内涵发展的要求。我们相信，经过不断探索，不断完善，高等学校绩效评价一定能逐渐被社会各界特别是高等教育界接受。在社会各界的大力支持和共同努力下，我国高校绩效评价研究和实践将会更上一层楼，为保证和促进我国高等教育强国建设发挥应有的作用。

后　记

本报告是国家自然科学基金面上项目“高校绩效评价与资源配置”（项目批号：71273249）以及中国教育科学研究院科研公益基金课题的研究成果。

项目由中国教育科学研究院院长袁振国教授负责主持、组织并总体负责报告结构、内容以及观点凝练。高等教育研究中心承担具体工作。张男星协助统稿，袁振国统稿并定稿，张男星、王春春通校。写作分工如下：前言由袁振国、张男星、孙继红执笔，第一章第一节由杜云英执笔，第一章第二节由桂庆平执笔；第一章第三节由王春春、阚阅（浙江大学）执笔；第二章第一节由张男星、孙继红、卢彩晨执笔，第二章第二节由张男星执笔，第二章第三节由孙继红执笔；第三章第一节、第二节由孙继红执笔，第三章第三节、第四章第一节由张男星、孙继红执笔；第四章第二节由孙继红执笔；第五章第一节由杜云英、孙继红执笔，第五章第二节、第三节由孙继红执笔；第六章由张小萍执笔；结语由卢彩晨执笔。

在此向以不同方式为本报告的完成提供支持与帮助的领导和同事们一并致谢！

出 版 人　所广一
责任编辑　夏辉映
版式设计　贾艳凤
责任校对　贾静芳
责任印制　曲凤玲

图书在版编目（CIP）数据

高等学校绩效评价报告. 2012／张男星著. —北京：教育科学出版社，2013. 9
（国视教育研究书系）
ISBN 978－7－5041－7838－1

Ⅰ. ①高…　Ⅱ. ①张…　Ⅲ. ①高等学校—教育评估—研究报告—中国—2012　Ⅳ. ①G649. 21

中国版本图书馆 CIP 数据核字（2013）第 172332 号

高等学校绩效评价报告 2012
GAODENG XUEXIAO JIXIAO PINGJIA BAOGAO 2012

出版发行	教育科学出版社		
社　　址	北京·朝阳区安慧北里安园甲 9 号	**市场部电话**	010－64989009
邮　　编	100101	**编辑部电话**	010－64989363
传　　真	010－64891796	**网　　址**	http://www.esph.com.cn
经　　销	各地新华书店		
制　　作	北京金奥都图文制作中心		
印　　刷	保定市中画美凯印刷有限公司		
开　　本	169 毫米×239 毫米　16 开	**版　　次**	2013 年 9 月第 1 版
印　　张	13. 25	**印　　次**	2013 年 9 月第 1 次印刷
字　　数	193 千	**定　　价**	39. 00 元

如有印装质量问题，请到所购图书销售部门联系调换。